MODELOS DE NEGÓCIOS
ORGANIZAÇÃO E GESTÃO

CB041788

Dados Internacionais de Catalogação na Publicação (CIP)
(Câmara Brasileira do Livro, SP, Brasil)

Rosa, José Antônio
    Modelos de negócios : organização e gestão /
José Antônio Rosa, Eduardo Maróstica. - São Paulo :
Cengage Learning, 2019.

    1. reimpr. da 1. ed. de 2012.
    Bibliografia.
    ISBN 978-85-221-1248-7

    1. Administração 2. Administração de empresas
3. Negócios 4. Organizações I. Maróstica, Eduardo.
II. Título.

12-04499   CDD-658

Índices para catálogo sistemático:
    1. Gestão de negócios : Modelos 658
2. Organizações : Administração de empresas 658

MODELOS DE NEGÓCIOS
ORGANIZAÇÃO E GESTÃO

José Antônio Rosa

Eduardo Maróstica

 CENGAGE

Austrália • Brasil • México • Cingapura • Reino Unido • Estados Unidos

Modelos de negócios: organização e gestão

José Antônio Rosa e Eduardo Maróstica

Gerente editorial: Patricia La Rosa

Supervisora de produção editorial: Noelma Brocanelli

Supervisora de produção gráfica: Fabiana Alencar Albuquerque

Editora de desenvolvimento e produção editorial: Gisele Gonçalves Bueno Quirino de Souza

Copidesque: Thiago Belmiro Fraga

Revisão: Ricardo Franzin, Rosângela Santos

Crédito da capa: Thiago Lacaz

Diagramação: SGuerra Design

Para informações sobre nossos produtos, entre em contato pelo telefone **0800 11 19 39**

Para permissão de uso de material desta obra, envie seu pedido para **direitosautorais@cengage.com**

ISBN-13: 978-85-221-1248-7
ISBN-10: 85-221-1248-7

Cengage Learning
Condomínio E-Business Park
Rua Werner Siemens, 111 – Prédio 11 – Torre A – Conjunto 12
Lapa de Baixo – CEP 05069-900 – São Paulo – SP
Tel.: (11) 3665-9900 – Fax: (11) 3665-9901
SAC: 0800 11 19 39

Para suas soluções de curso e aprendizado, visite
www.cengage.com.br

Impresso no Brasil
Printed in Brazil
1. reimpr. – 2019

Sumário

Introdução

Uma pesquisa rápida no Google apresenta-nos cerca de 7 milhões de páginas que trazem a expressão "modelo de gestão".[1] Esta é usada em contextos dos mais variados: referindo-se a uma empresa específica ou de uma categoria empresarial, ao governo federal ou a unidades da estrutura governamental, ao sistema penitenciário etc. Já a busca pela expressão "modelo de negócios" apresenta mais de 5 milhões de documentos, e a pesquisa com "modelo de organização", mais de 1 milhão e 100 mil páginas. Se introduzirmos pequenas diferenças na busca, usando termos sinônimos ou alternando entre singular e plural (por exemplo, "modelos de negócios", "modelo de negócio", "modelo de empresa", "modelo organizacional"), facilmente acrescentaremos mais algumas dezenas de milhões de documentos.

O uso intensivo se justifica, pois a expressão é útil e eficiente. Modelos são, afinal, instrumentos essenciais para o pensamento e para a comunicação. Eles nos ajudam a entender melhor as coisas e os processos que nos cercam e a partilhar significados com outras pessoas. No geral, todos entendem o que se quer dizer quando se fala em modelo disso ou daquilo. No mundo dos negócios pode-se usar a palavra *modelo* com acerto em diferentes áreas e às vezes com diferentes significados: o modelo de tecnologia adotado pela empresa, o modelo de homem em Taylor, o modelo de planejamento da organização. Ou seja, nos referimos a diferentes áreas, funções, processos.

---

[1] Pesquisa realizada em 20 set. 2010.

Este livro vai discutir o conceito de modelo aplicado à administração, com enfoque específico e muito bem delimitado. Trataremos de modelos de negócios, de organizações e de gestão, separando com clareza essas três dimensões e dando definições específicas. Essas dimensões não esgotam as possibilidades do uso da palavra *modelo* em administração, pois podemos falar em modelo financeiro, modelo de marketing, modelo de relacionamento com o pessoal, modelo tecnológico, modelo societário. Julgamos, porém, ser mais produtivo e eficaz nos atermos às três dimensões mencionadas na Figura, encaixando dentro destas, sempre que necessário, as demais facetas do rico universo dos negócios.

Três dimensões em discussão

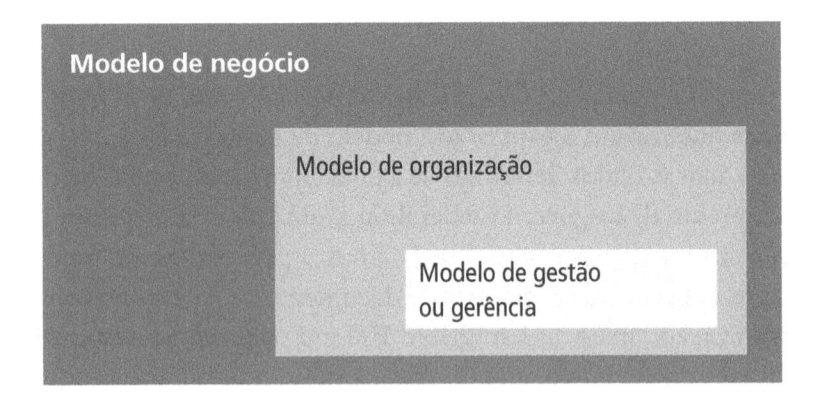

Justificativa

O mundo dos negócios e da gestão vem se tornando mais e mais complexo, exigindo qualificações intelectuais progressivamente mais elevadas daqueles que nele operam. Assim, é necessário desenvolver e apurar instrumentos que possam ajudar esses profissionais a refletir de modo mais eficiente, a propor alternativas e a tomar decisões mais eficazes. Nesse contexto, o estudo dos modelos mostra-se da maior relevância.

Conquanto o conceito faça parte do dia a dia dos profissionais de gestão e esteja presente praticamente em todos os cursos de graduação e pós-graduação em Administração, não há muitos livros específicos sobre o tema. Este, decerto, aparece direta ou indiretamente em boa parte dos livros de gestão, no entanto há necessidade de textos específicos com enfoque gerencial e operacional que possam, com efeito, ajudar na prática da condução de negócios, organizações e equipes.

O enfoque dominante desta obra será didático e técnico. Pretendemos que ele seja útil para professores e estudantes de Administração e áreas afins e para profissionais ocupados com a gestão propriamente dita, como o executivo, o técnico, o consultor. Faremos algumas referências a estudos acadêmicos de relevância, os quais o leitor poderá consultar para maior aprofundamento no tema.

Objetivos

O livro tem os seguintes objetivos principais:
- Oferecer aos profissionais diretamente empenhados na administração um instrumento de trabalho prático para criação, análise e reengenharia de negócios.
- Oferecer a estudantes informações e conceitos que facilitem a compreensão da complexa realidade dos negócios e da gestão e ajudem na sua preparação para a prática profissional.
- Oferecer a professores de gestão uma estrutura que facilite a transmissão de conceitos fundamentais da administração e dos negócios aos seus alunos.
- Oferecer, por fim, a pesquisadores da gestão alguma referência, proveniente de nossa experiência e de nossas ideias, que possa ser útil para a construção teórica mais aprofundada e completa sobre o tema.

A pesquisa

As ideias aqui apresentadas provêm de duas fontes: a) textos específicos sobre o tema que selecionamos por sua adequação e qualidade, sem nenhuma preocupação de citar os notáveis e famosos da academia ou da gestão prática; b) nossa própria experiência, longa, em três campos específicos: gestão executiva, consultoria e docência em administração.

A estrutura

O primeiro capítulo comentará os modelos e sua importância e justificará nossa escolha do enfoque em três dimensões, aqui adotado: modelos de negócios, organizações e gestão. O segundo entrará diretamente nos modelos de negócios e procurará dar subsídios para criação, análise e reformulação de negócios com vistas à sua viabilização no competitivo ambiente em que vivemos hoje. O terceiro explorará os modelos de estruturas que dão sustentação a diferentes tipos de negócio e também procurará dar sugestões que possam ser úteis para o design de organizações ou para o aprimoramento das já existentes. Por fim, o terceiro capítulo enfoca os diferentes modelos que operam na gestão de pessoas, os diferentes estilos de administradores, sua adequação e eficácia, dando instrumentos para que o leitor possa ser capaz de criar seu próprio *modus operandi* como executivo ou ajudar outros a melhorarem os seus.

Esperamos que a leitura se revele útil.

Eduardo Maróstica
marostica@fgvmail.br

José Antônio Rosa
consultorjoserosa@gmail.com

Slides de PowerPoint® estão disponíveis para professores na página deste livro no site da Cengage.

Capítulo 1

Modelos de negócios

Imagine um objeto qualquer, uma mesa, por exemplo. Essa imagem mental é um *modelo* de mesa. É uma abstração intelectual, uma forma que existe só no mundo das ideias.[1] Esse modelo pode ser usado para criar uma cadeira real, física. E, também, para se comparar com objetos do mundo real e distinguir o que é mesa do que não é. Serve para ampliar a compreensão sobre o que é uma mesa – características, tipos, natureza etc. Por fim, entre outras coisas, o modelo o ajuda a se comunicar com outras pessoas, a partilhar significados, pois há um nome e uma experiência comum sobre a mesa real ou imaginária. Modelos são parte integrante do nosso pensamento.

Há diferentes coisas que podem ser classificadas como modelos, por exemplo, objetos físicos e ficcionais, estruturas teóricas, descrições, equações, combinações de alguns destes, e o conceito de modelo ocupa uma posição central na ciência.[2] Em todos os campos e âmbitos científicos, da física às ciências sociais, à nanotecnologia ou ao *neuromarketing*, o conceito de modelo é instrumento valioso na construção do conhecimento.

No âmbito científico, o conceito de modelo tem diferentes funções e atingiu até mesmo um caráter de "moda", eventualmente é confundido com

---

[1] De acordo com Platão, as ideias ou formas são as únicas coisas perfeitas. Por exemplo, a única mesa perene, estável, que não muda, não se corrompe, é a mesa idealizada.
[2] Frigg, Hartmann, 2006.

o conceito de teoria, como observa Ziman (1996). O modelo é uma analogia, metáfora por meio da qual podemos descrever fenômenos e coisas, aprender, simular, experimentar.

Cooper e Schindler (2003) definem modelo como "a representação de um sistema construído para estudar algum aspecto daquele sistema ou o sistema como um todo", e observam que há modelos descritivos, explicativos, de simulação e que podem ser estáticos, quando "representam um sistema em determinado ponto no tempo", ou dinâmicos, quando "representam a evolução de um sistema ao longo do tempo".

No estudo da administração, o conceito de modelo aparece a partir de 1975 e ganha atenção significativa a partir de 1995, sobretudo em decorrência do advento da internet, que revolucionou os modelos de negócios (Zott et al., 2010). Hoje é conceito consolidado como instrumento da pesquisa e ampliação do saber sobre negócios e gestão e, também, como ferramenta da vida prática, que permite compreensão e atuação mais eficazes no mundo dos negócios.

O que é um negócio

As pessoas têm *necessidades* – de proteção, expressão, experimentação do prazer, descanso, informação – e não têm meios próprios para satisfazer a maioria delas. As necessidades criam *desejos*, os quais "são descritos como objetos que satisfarão os desejos".[3] Se alguém criar e ofertar esses objetos capazes de satisfazer os desejos, em condições viáveis, surge a demanda, que é a busca pela compra desses objetos. Essa pessoa que demanda, então, torna-se um cliente.

De acordo com os autores, um negócio é

> um arranjo racionalmente construído por meio do qual se busca satisfazer desejos do mercado e, em decorrência disso, obter o lucro. É um aparato que produzirá bens desejados, por um preço dado, em condições aceitas pelo mercado.

---

[3] Kotler e Armstrong, 2003.

Como coloca Peter Drucker: "Há apenas uma única definição válida de finalidade do negócio: criar um cliente".[4]

Para que haja um negócio é fundamental existir:

- Mercado: ambiente no qual produtores e clientes (consumidores ou usuários e agentes intermediários) permutam valores.
- Produtores: aqueles que produzem bens físicos ou virtuais e serviços.
- Produtos: bens físicos ou virtuais, ou serviços desejados.
- Empreendedores: quem assume riscos e implanta ou gerencia atividades produtivas ou de intermediação, com finalidade de lucro.
- Investidores: aqueles que aplicam dinheiro no empreendimento, com expectativa de retorno. Pode ser o empreendedor ou não.
- Consumidores ou usuários dos bens e serviços ofertados: pessoas ou organizações.
- Intermediários: agentes de comércio que poderão perfazer a ligação entre produtores e clientes.

Aparecimento e evolução de negócios

Um negócio pioneiro surge quando alguém percebe que há uma necessidade insatisfeita e descobre um modo de satisfazê-la lucrativamente. A partir daí é necessário estruturar um aparato para produzir aquele bem ou serviço e ofertá-lo de maneira adequada aos potenciais compradores. É, evidentemente, fundamental que esses bens ou serviços sejam aceitos e desejados pelos potenciais compradores, nas condições ofertadas. Caso isso ocorra e o empreendedor consiga, de modo eficaz, administrar o processo, o negócio tende a crescer até conquistar todo o conjunto de clientes com os produtos desejados por eles.

Esse negócio, naturalmente, não operará no vácuo, mas no ambiente de mercado, e ele vai precisar de suporte de fornecedores, distribuidores,

[4] Drucker, 1975.

parceiros de diferentes tipos. Não só os clientes terão benefício com o surgimento do novo negócio, mas todos os *stakeholders*, isto é, todas as partes interessadas: fornecedores, empregados, governo, distribuidores, financiadores etc.

Dificilmente o novo negócio chegará sozinho ao atendimento de toda a clientela, porque no mercado outros produtores tenderão a buscar também a criação de modos para atender essa nova demanda. A concorrência trará, com certeza, desafios para o inovador. Ele terá de sustentar sua competitividade, ou capacidade de produzir e ofertar com eficiência bens e serviços em condições de qualidade e adequação suficientes para conquistar uma clientela que garanta lucros à operação. Em geral, um certo número de empresas torna-se mais competitivo e consolida-se no atendimento da demanda.

No entanto, como já observara Heráclito, o obscuro,[5] tudo muda, todo o tempo. Assim, os desejos humanos evoluem – usualmente se sofisticam, refinam – e também as formas de satisfazê-los. Um novo negócio surge então quando alguém percebe que a necessidade não é conveniente ou integralmente satisfeita pelos atuais produtores e encontra um modo de satisfazê--la melhor (em termos de qualidade, serviços, preços). É o que se denomina "destruição criadora", termo de Schumpeter (1961), que indica o processo por meio do qual empresas mais capazes satisfazem melhor o mercado e destroem as menos capazes.[6]

Temos, então, três caminhos de surgimento de novos negócios:
- Negócios pioneiros: criam modos de satisfazer necessidades. Criação de clientes.
- Negócios imitadores: copiam os pioneiros e conquistam parcelas da clientela não atendida ou insatisfatoriamente atendida por eles.
- Negócios renovadores: criam modos melhores ou mais baratos de satisfazer necessidades. Conquistam clientes dos pioneiros ou imitadores.

---

[5] Heráclito de Éfeso (540-470 a.C., aproximadamente), filósofo pré-socrático, chamado de "o obscuro" porque falava difícil, provavelmente de modo proposital, pois achava que filosofia não era coisa para compreensão do povo.
[6] Schumpeter, 1961.

Modelos de negócios

Zott et al. (2010) estudaram os artigos sobre modelos de negócios que circularam em revistas científicas de destaque, de 1975 a 2009, e registraram algumas formas de apresentá-los. Os diferentes pesquisadores referiram-se a eles, respectivamente, como declarações (*statements*), descrições, representações, arquitetura, modelo conceitual, modelo estrutural, quadro de referência e padrão. Todos os termos, efetivamente, são adequados para tratar de modelos de negócios que são projetos, design, "mapas", descritivos de como um negócio deverá funcionar, unindo os vários atores que direta ou indiretamente se ligam para que ele se viabilize: produtores, comerciantes, clientes, consumidores, financiadores etc.

Veja, na Figura 1.1, o exemplo do modelo de negócio de uma pequena indústria tradicional de um produto alimentício (doce de abóbora).

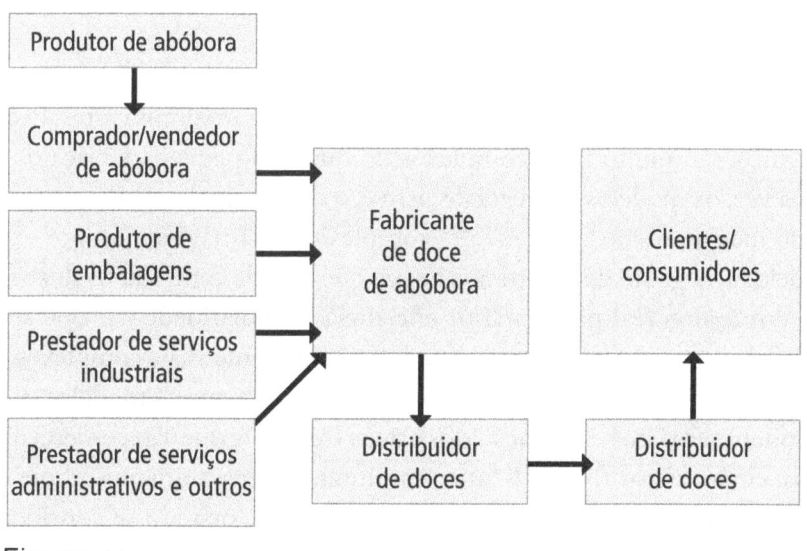

Figura 1.1

Trata-se de uma empresa industrial, a qual se concentra na produção. Se ela plantasse a abóbora, o modelo já seria diferente. O produtor rural planta a abóbora e vende para o comprador/vendedor, que vai até a propriedade rural, com seu veículo, e a retira. O comprador/vendedor (muitas vezes chamado injustamente de "atravessador") vende a abóbora para o fabricante. Este, por sua vez, compra de outros produtores ou prestadores de serviços outros itens essenciais: embalagens, serviços de manutenção, contabilidade etc. O fabricante produz o doce e o vende com exclusividade a alguns distribuidores, que o retiram na fábrica e posteriormente vendem e entregam-no a varejistas (pequenas lojas, supermercados etc.).

Esse desenho básico que apresentamos está longe de representar toda a riqueza de variáveis que afetam o negócio do pequeno fabricante, evidentemente. Uma análise mais complexa deverá enfocar, entre outras, questões como:

- Produção de abóbora: sazonalidade, produção e produtividade (dependendo do clima), e as variações de preço.
- Questões de logística: transporte, armazenagem, estoques de segurança, manuseio da abóbora etc.
- Conquista de varejistas, exposição e promoção do produto no ponto de venda.
- Questões de oscilação da demanda.

Os negócios dos dias atuais, principalmente os predominantes no cenário econômico, são muito mais complexos do que essa pequena fábrica de doces. Por sua vez, os modelos de negócios, isto é, o design ou descritivo desses negócios, do mesmo modo, atingem alta complexidade. Imaginemos, por exemplo, o modelo de negócio de um grande banco que tem de controlar os fluxos financeiros em tempo real para garantir eficiência e regularidade nas operações. O advento da internet trouxe outros modelos igualmente mais complexos.

Lai et al. (2006) e Malone (2006) observaram que os modelos de negócios podem ser vistos em função dos ativos e direitos que são comercializados. Temos, então, ativos físicos, financeiros, intangíveis e humanos – hoje é imoral a comercialização de pessoas, naturalmente – e, quando se consideram os direitos em jogo, emergem os seguintes atores potenciais: criadores, distribuidores, locatários, corretores e agentes comerciais. A nossa fábrica de doce de abóbora comercializa um ativo físico, um produto de consumo, e o empreendedor que está à frente dela é um criador. O comprador/vendedor de abóbora é um agente comercial; o distribuidor e os comerciantes são distribuidores. Pode ser que a fábrica fique em um galpão alugado, o que traz para a cena o locatário. Pode ser que venda com uma marca de destaque famosa, o que põe em cena o locatário de um ativo intangível.

Da combinação entre os tipos de agentes e os ativos que comercializam, Malone et al. (2006) chegaram a 16 modelos de negócios básicos, os quais incluem aqueles empreendedores que montam e vendem negócios, os fabricantes típicos, os inventores, os banqueiros, empreiteiros etc. Há, evidentemente, uma grande riqueza de opções e formas de negócios em uma economia complexa como a atual.

Podemos resumir, definindo:

> Um modelo de negócio é um arranjo ou sistema que mostra como agentes de mercado, exercendo funções diferentes e empregando diferentes tipos de ativos e processos, relacionam-se entre si com a finalidade de satisfazer necessidades e interesses mútuos. É também o descritivo ou projeto desse sistema, criado para efeito de estudo ou tomada de decisão.

Criação e evolução dos sistemas

Vale a pena observar um modelo complexo de negócios na prática, e isso pode ser feito facilmente. Basta entrar no site de qualquer uma das maiores empresas, por exemplo, da indústria de alimentos. Em geral, os produtos são identificados com centenas ou até milhares de diferentes marcas, chegam a países de todos os continentes, a preços suficientemente baixos para atender os grandes mercados de consumo em condições de alta competitividade. As margens de lucro com as quais essas empresas operam evidentemente têm de ser baixíssimas, pois, caso contrário, ela não conseguiria atingir essas dimensões.

Seus produtos saem das fábricas espalhadas pelo mundo afora, são transportados por caminhões, navios, trens, estocados em uma imensas redes de depósitos, levados até distribuidores varejistas de diferentes portes e mantidos à disposição dos clientes a preços muito baixos se comparados até mesmo aos dos itens de produção doméstica. No sistema, há sempre um sem número de agentes que lucram com os produtos: atacadistas, varejistas, transportadores, agentes comerciais de diferentes tipos, importadores, exportadores etc.

Paralelamente, essas empresas precisam ter sistemas de controle muito complexos e sofisticados. Os problemas potenciais de um armazém situado no interior da Bahia, por exemplo, podem ser resolvidos de São Paulo pelo manuseio de informações supridas quase que em tempo real. Há, ainda, complexas estruturas societárias, inúmeras empresas e unidades de negócio a controlar em todo o mundo etc. O quadro a seguir dá uma pequena ideia da complexidade do modelo.

Quadro 1.1 – Um sistema complexo

Qualquer das gigantes do setor de alimentos é um sistema complexo, que inclui:
- Unidades produtivas espalhadas pelo mundo
- Depósitos e entrepostos igualmente plantados em pontos estratégicos
- Sistema de transportes envolvendo todas as modalidades
- Milhares de funcionários
- Milhares de parceiros distribuidores, varejistas, atacadistas
- Sistemas de comunicação complexos trazendo informações em tempo real

Pois bem, provavelmente não há como inventar uma empresa assim. Não é uma questão de alguém (por mais competente que seja) juntar informações e desenhar, projetar uma grande indústria de alimentos. Ela surge por um processo evolucionário orgânico: por exemplo, uma companhia foi criada e evoluiu paulatinamente durante anos, décadas, até atingir a complexidade atual. Certamente, ao longo de todo esse tempo, a empresa precisa ser administrada com competência para garantir sua longevidade corporativa e crescimento. Assim, conforme as tendências dos negócios, ela pode optar por adquirir inúmeras outras empresas e manter um processo permanente e hábil de fixação e execução de estratégia, organização, formação cultural, etc. Realizar uma experiência dessas, de uma hora para outra, provavelmente é tarefa impossível. É bom ter isso em conta quando se pensar em modelos de negócios. Há, porém, inúmeras outras empresas projetadas e implantadas dentro de um modelo novo, que estabelece novas maneiras de atender velhas necessidades, ou maneiras novas de atender necessidades que não haviam sido atendidas ou não existiam antes. Por exemplo, as empresas de comércio pela internet, que não existiam até os anos 1990.

Estudo de um modelo de negócio

Pode-se estudar um modelo de negócio existente ou um modelo projetado que não existe ainda, mas que se pretende implantar. Por exemplo, podemos fazer uma análise aprofundada do modelo de negócio de uma grande e conhecida empresa, com a finalidade de verificar suas forças e fraquezas e eventuais pontos que possam ser aprimorados.

Ou, ainda, podemos pensar em um novo modelo de empresa. Vamos imaginar uma empresa que vai vender doce de abóbora pela internet. Provavelmente essa ideia ainda não foi implantada por ninguém. Sim, há os supermercados que vendem tudo, inclusive doce de abóbora pela internet, e também outros sites especializados em produtos dessa natureza. Entretanto, aparentemente, não há uma empresa de comércio eletrônico especializada em doce de abóbora (essa especialização torna o modelo novo). Então, teríamos de criar o projeto ou design da nova empresa.

Comentamos que um projeto de negócio é o arranjo ou o sistema e também o descritivo ou o projeto desses. Assim, é um negócio real ou a fábrica de doces, e também a representação intelectual desses dois negócios que vai indicar como funcionam ou devem funcionar.

O estudo do modelo de negócio visa, na prática:

- Atendimento a finalidades de pesquisa, ensino, consultoria.
- Criação de novos negócios por imitá-lo de modelos eficientes (benchmarking).
- Aprimoramento de negócios existentes: ampliação de sua produtividade ou competitividade.
- Criação de novos negócios efetivamente inovadores, aproveitando lacunas de eficiência de negócios existentes.
- Formulação de políticas e tomada de decisões executivas: mudanças, fusões, aquisições, fechamento etc.
- Orientação de políticas públicas setoriais: incentivos, melhoria da tributação etc.

Qualquer que seja a finalidade, o processo de estudo deverá incluir as etapas básicas a seguir:

1. Desenho mental inicial: a análise tem de partir de uma ideia, vaga e precária que seja, do modelo de negócio que se deseja estudar. Seja um negócio existente ou um negócio pioneiro, antes de mais nada tenta-se definir um desenho básico. O analista parte das informações que tem ou de analogias. Por exemplo, o negócio do transporte de cargas no Brasil:
   - Provavelmente requer capital intensivo.
   - Em geral é realizado por empresas de grande porte, com capacidade de atração da clientela e de dar garantias mínimas de funcionamento.
   - As empresas maiores provavelmente se coligam com as menores, que atuam em menor escala, seja operacional ou regional.
   - Esse tipo de empresas, provavelmente, estabelece trajetos lógicos padronizados e se dedica de modo exclusivo a essas rotas, por razões operacionais e de competitividade.
   - Os caminhões provavelmente são de terceiros ou aqueles que estão sob controle da empresa, são alugados em formato de *leasing*.
   - O ganho tem de ser obtido em escala.
   - A gestão da manutenção deve ser aspecto crítico.

2. Busca de informação: de posse das ideias básicas do modelo, o analista sai à procura de informações secundárias (aquelas que já se acham publicadas) e primárias (aquelas que ele próprio obtém). Os métodos são os usuais: leitura, levantamento de informações em sites, entrevistas etc. As fontes de informação serão as empresas, os prestadores de serviços, sindicatos, órgãos do governo, institutos de pesquisa. Exemplos de informações a serem pesquisadas:
   - Quantas transportadoras operam no país.
   - Quem são os proprietários e qual é o seu poder financeiro.
   - Como se distribuem em termos de porte, localização, tipo.
   - Que tipos de serviços oferecem.
   - Quais são os sindicatos e associações mais qualificados da área e que informação têm.
   - Quais são os órgãos reguladores, seu papel, sua forma de atuação.
   - Quem são os fornecedores da indústria.
   - Quem são os clientes e quais são suas demandas fundamentais.

3. Definição do modelo (dos modelos): a partir das informações obtidas, o analista projeta o modelo da empresa desejado. Pode ser de uma categoria ou de uma empresa em particular. A seguir, alguns elementos básicos dos modelos de negócios:

- Agentes de mercado: fornecedores, intermediários, clientes, usuários, financiadores, em síntese, qualquer um que desempenhe um papel na cadeia de suprimentos (*supply chain*) do negócio. *Supply chain*, ou cadeia de suprimentos, é um conjunto de elos da corrente que cobre todas as funções e os processos necessários à produção de um bem ou serviço; no caso de nosso produtor de doce de abóbora, seriam o produtor rural, o comprador/vendedor, o fabricante do doce, o distribuidor, os varejistas etc.
- Os ativos envolvidos: físicos, financeiros, intangíveis.
- Processos: atividades dos agentes na execução de suas funções e na troca de ativos e informações. Há os processos básicos produtivo-operacionais, financeiros, comerciais ou de marketing etc.
- Grupos estratégicos: são grupos de empresas que, no sistema, operam com a mesma lógica. Por exemplo, na distribuição de alimentos, temos, entre outros, os seguintes grupos estratégicos: hipermercados, supermercados, lojas de conveniência.
- Competências estratégicas: são competências essenciais para a operação eficiente e lucrativa no segmento.
- Necessidades e demandas de mercado: indicam o que clientes e usuários desejam, suas expectativas em termos de produtos e serviços e complementos (preço, níveis de qualidade etc.).

Focos de criação e transformação de modelos de negócios

Os três exemplos de inovação em modelos de negócios a seguir são genuinamente nacionais. As inovações mudam negócios existentes ou criam negócios novos. No primeiro caso, um serviço financeiro, o modelo contemplou uma nova forma de financiar; no segundo, uma nova maneira de produzir e servir churrasco; no terceiro, um novo modelo de sociedade de negócio. São exemplos de como podem ser variados os focos da criação ou renovação de modelos de negócios:

- Caso 1: No início dos anos 1960, a oferta de crédito no Brasil era limitada, e uma emergente classe média desejava adquirir um dos bens mais demandados de todos os tempos: o automóvel. Então, um grupo de funcionários do Banco do Brasil resolveu elaborar um sistema de pagamentos atrelados a sorteios. Estava criado o consórcio, uma inovação genuinamente brasileira. Do grupo do Banco do Brasil, a ideia passou para as montadoras, que perceberam seu potencial e, em seguida, para as grandes empresas de consórcio que então nasceram. Dos automóveis, os consórcios passaram para outros bens, e hoje são uma modalidade de financiamento e um ramo de negócios consolidado no país.[7]
- Caso 2: O rodízio de carnes, espeto corrido, também é criação nacional. Embora não se tenha documentação histórica apurada de quem foi o pai da ideia, sabe-se que, no início dos anos 1960, a modalidade teria surgido em churrascarias de beira de estrada no Rio Grande do Sul.[8] A partir das experiências pioneiras, a ideia se espalhou e hoje está presente em todo o mundo, considerada sinônimo de farta e boa comida brasileira.
- Caso 3: Na década de 1960, a saúde achava-se em grave crise. De um lado havia uma população crescente de classe média que não queria recorrer aos serviços do INSS (hoje Sistema Único de Saúde, o SUS), mas os custos da medicina privada eram exageradamente elevados para a demanda. Nesse contexto, os planos de saúde surgiram e começaram a arregimentar clientes (eles existem desde o início do século XX, nos Estados Unidos). Em 1967, o médico Edmundo Castilho teve a ideia de criar uma cooperativa de médicos para prestar serviços em formato de plano de saúde. O sistema, um modelo

---

[7] Fonte: Associação Brasileira de Administradoras de Consórcios - ABAC. *História do consórcio*. Disponível em: <http://abac.org.br/?p=paraConsumidoresConhecaConsorcio Historia#historiaConsorcio>.

[8] Lopes, 2009.

de negócio ímpar, espalhou-se por todo o Brasil nos anos seguintes. Hoje o sistema agrega centenas de cooperativas singulares, que se juntam em federações e na confederação.[9]

A seguir, algumas ideias dos focos dos modelos de negócios:
- Forma de sociedade: sociedades anônimas, limitadas, cooperativas, consórcios, fundos etc.
- Porte do negócio: por exemplo, o supermercado revolucionou o negócio das cadeias de mercearias e o hipermercado revolucionou o negócio dos supermercados.
- A forma de servir o produto: por exemplo, restaurantes self service, "por quilo" etc.
- Forma de promover vendas: por exemplo, empresas de marketing direto na TV, empresas de telemarketing, empresas de e-commerce.
- As parcerias de produção, vendas etc.: a franquia, o licencimento etc.
- A organização do arranjo produtivo: terceirização simples, o *offshore* (terceirização em outro país).
- O tamanho do lote de produção: por exemplo, livro produzido sob demanda, em pequenas quantidades ou até em unidades, nas livrarias.

Não há limite para a criatividade. O analista criativo, o empreendedor, o executivo alerta, sempre encontrarão novas formas de aglutinar recursos e produzir valores, propiciando a melhoria do bem-estar – e lucros para os acionistas e outros *stakeholders*.

Checklist para análise de modelos de negócios

Na análise de modelos de negócios é sempre útil aplicar um checklist (lista de verificações), com a finalidade de perceber novas alternativas para a criação

---

[9] Fonte: Memória Unimed. Disponível em: <http://www.unimed.com.br/memoria/museu_arquivos/html/projeto_de_todos/pagina_historia2_link2.html>. Acesso em 01 mar. 2012.

de novos tipos ou melhoria dos existentes. Alex Osborn, o pai do *brainstorming*, criou um checklist para geração de modos alternativos de verificar uma situação e produção de ideias. O checklist de Osborn, também chamado SCAMPER, devido às iniciais das palavras em inglês, propõe que se submeta a questão em análise às seguintes alternativas:

- Substituir.
- Combinar.
- Adaptar.
- Modificar.
- Ampliar.
- Reduzir.
- Fazer novos usos.
- Rearranjar.
- Inverter.

A seguir apresentaremos um checklist para avaliação de modelos de negócios. Sugerimos que se submetam seus itens aos comandos citados anteriormente, como meio de encontrar alternativas de inovação.[10] Um checklist tem o propósito de ajudar na análise e também na heurística (produção criativa). Dada essa natureza, as perguntas não precisam ser perfeitas, pois a criatividade anda com a ambiguidade.

Estrutura de propriedade

- Quem são os acionistas ou cotistas do negócio?
- Qual é o grau de compromisso assumido pelos acionistas ou cotistas individuais?
- Qual é o grau de envolvimento de cada acionista/cotista no negócio?
- Haveria outra forma de propriedade, mais eficaz?
- Outros cotistas/acionistas poderiam trazer alguma melhora na estrutura de propriedade?

---

[10] Mais adiante, o Capítulo 4 tratará especificamente da criatividade.

- Parceiros (empregados, fornecedores, clientes, distribuidores) poderiam ser cotistas/acionistas (se ainda não são), com vantagem para o negócio?
- Alternativas de financiamento do crescimento: franquia, distribuidores exclusivos, *joint ventures* (empreendimentos conjuntos) etc.
- Qual é o tipo de sociedade existente: limitada, S.A., cooperativa, associação.

A forma de propriedade altera o modelo de negócio e pode ter forte impacto sobre o desempenho. Por exemplo, nas grandes empresas de advocacia ou consultoria, os empregados que se destacam sobem para a condição de sócios e por isso têm uma vinculação integral com a organização. Por outro lado, o lançamento de ações em bolsa pode trazer recursos extraordinários para uma média empresa promissora, tornando-a muito mais competitiva.

Mercado-alvo

- Quem são os clientes?
- Como a clientela se divide em termos demográficos?
- Pessoas jurídicas: porte, tipo, localização.
- Pessoas físicas: idade, renda, sexo, outros aspectos relevantes.
- Quais são as necessidades e os desejos dos clientes?
- Quais são os comportamentos dos clientes no que diz respeito a compras, uso do produto, financiamento etc.
- Quem são os usuários ou consumidores?
- Quais são as relações de usuários/consumidores com clientes?
- Quais são os comportamentos dos usuários/consumidores no que diz respeito ao uso do produto?
- Há novos mercados-alvo a serem explorados?
- Há conveniência em alterar o mercado-alvo atual?

Os clientes e consumidores podem buscar novas composições de mercado-alvo mais vantajosas, o que altera não só o modelo de negócio como seus resultados. Pode-se pensar em satisfazer outras necessidades ou desejos, ou em satisfazer, de outro modo, as mesmas necessidades ou desejos. No segmento da aviação no Brasil, por exemplo, a Gol introduziu significativa mudança no negócio de transporte de passageiros por avião ao atrair a emergente classe média para seus voos. Muitas pessoas que jamais tinham voado de avião e se sujeitavam a longas viagens de ônibus passaram a viajar por via aérea.

Produto

Por produto entende-se um bem físico ou virtual ou, ainda, um serviço qualquer.
- Qual é o portfólio[11] de produtos hoje oferecido aos clientes?
- Há vantagem em modificar esse portfólio, com supressões ou acréscimos de produtos?
- Que necessidades ou desejos os produtos atendem?
- Há outros produtos potenciais capazes de satisfazer as mesmas necessidades ou desejos?
- Quais são as proposições de valor dos produtos, isto é, o que "prometem" aos clientes?
- Quais são as características essenciais dos produtos?
- Há vantagem em modificar as características fundamentais dos produtos?
- Quais são as características dos produtos estendidos (produto mais condições de pagamento, mais serviços agregados, mais garantias, mais eventuais vantagens intangíveis)?
- Quais são os níveis de preço dos produtos?
- Há vantagem em mudar a estrutura de preços?
- Quais são os níveis de qualidade?
- Há vantagem em mudar os níveis de qualidade?

Modelos de negócios pioneiros frequentemente surgem quando alguém cria novas maneiras de atender certas necessidades ou desejos. O produto é o elo de ligação entre a empresa e o seu cliente. A transformação do produto

---

[11] Portfólio: originalmente, a palavra designa uma pasta para guardar objetos. Hoje denomina um conjunto inter-relacionado de itens: portfólio de ações, portfólio de produtos, portfólio de trabalhos executados.

altera o modelo de negócio e os resultados. Na análise de um modelo de negócio o produto merece grande atenção.

A equação entre produto e mercado é decisiva para o sucesso de um modelo de negócio. Há uma matriz tradicional para geração de ideias de expansão do negócio que contempla essa combinação, a Matriz produto/mercado de Ansoff (Figura 1.2).

Figura 1.2 – Matriz produto/mercado de Ansoff.[12]

Essa matriz propõe os seguintes questionamentos:

1. Como expandir por meio da venda de produtos atuais para mercados atuais? (Quadrante 1)
2. Como expandir por meio da venda de produtos atuais para mercados novos? (Quadrante 2)
3. Como expandir por meio da venda de produtos novos para mercados atuais? (Quadrante 3)
4. Como expandir por meio da venda de produtos novos para mercados novos? (Quadrante 4)

---

[12] Igor Ansoff apresentou a matriz no artigo "Strategies for diversification", publicado pela *Harvard Business Review* em 1957.

Processo produtivo-operacional

- Quais são as características do processo produtivo-operacional hoje?
  - Suprimentos.
  - Equipamentos.
  - Tecnologia.
  - Instalações.
  - Pessoal produtivo.
  - Estoques e armazenagem.
  - Logística.
  - Localizações produtivas.
  - Níveis de especialização.
  - Volumes de produção e economias de escala.
  - Padronização.

Há vantagem em modificar o processo produtivo? O processo produtivo-operacional, que tem impacto decisivo sobre os custos, é afetado pela permanente evolução da tecnologia. Uma análise do sistema produtivo atual de um segmento ou uma empresa, atrelado ao modelo de negócio, pode trazer mudanças significativas.

Canais de relacionamento com clientes e distribuição

- Fórmula de propaganda e comunicação.
- Promoções.
- Atividades de vendas.
- Modalidades de venda: porta a porta, por catálogo, em lojas, pela internet.
- Distribuição:
  - Grandes varejistas.
  - Pequenos varejistas.
  - Distribuidores.

- Representantes.
- Relacionamentos pós-venda.
- Assistência.
- Informação ao cliente.
- Programas de fidelização.

Como o cliente toma conhecimento do produto e como este chega até ele? Eis a questão básica do modelo comercial de qualquer organização. Alterações no modelo comercial sempre criaram novos negócios ou melhoraram os existentes. O advento das novas formas de promover e vender, decorrentes das transformações tecnológicas recentes, tem revolucionado os modelos de negócios. É o caso das vendas pela internet, as quais crescem aceleradamente e ainda estão em sua fase embrionária, das vendas pela TV etc.

Estrutura

Organização necessária para manter o negócio operando:
- Infraestrutura gerencial.
- Pessoal.
- Sistemas de informação e controle.
- Processos fundamentais.

No Capítulo 2 discutiremos modelos de organização, que estão estritamente relacionados aos modelos de negócios. Como demonstrou Chandler (1998),[13] "a estrutura segue a estratégia", isto é, primeiro se desenvolve um negócio e depois se erige a estrutura ou organização para sustentá-lo. Ao se avaliar qualquer modelo de negócio é fundamental fazer algumas verificações básicas sobre a estrutura requerida por ele. Essa verificação pode trazer ideias para alteração, por meio de terceirização, reengenharia, novos desenhos organizacionais que trarão à luz novos modelos de negócios.

---

[13] Alfred D. Chandler Jr. fez estudos exaustivos sobre a história das empresas americanas.

Finanças

- Captação de recursos.
- Fluxo de caixa.
- Investimentos.
- Decisões financeiras: comprar, alugar, fazer capital próprio, captar capital de terceiros.

Como o negócio se financia, como financia sua expansão, o que há de vulnerabilidades na forma adotada, o que há de oportunidades de melhoria? Por exemplo, os grandes hipermercados financiam sua expansão com o capital de fornecedores, adotando uma engenharia financeira apropriada. Os construtores buscam dinheiro ofertado pelos programas governamentais para financiar suas obras e seus clientes. Nos últimos anos, as questões de engenharia financeira passaram a ser predominantes em grande número de negócios, já que o capital revelou-se o ativo mais estratégico para grande número de empresas.

Ambiente

A empresa não é sua própria "razão de ser", isto é, ela existe para servir ao mercado, que está fora dela. Na busca do atendimento das necessidades e dos desejos desse mercado, ela não está só: conta com outras empresas, na condição de fornecedores ou parceiros de outra natureza, enfrenta concorrentes de diferentes tipos etc. Em síntese, opera dentro de um ambiente – um conjunto de forças que a circundam e sobre as quais ela não tem controle.

Para saber se um dado modelo de negócio tem futuro ou não, devemos olhar para ele e também para o ambiente que o circunda. Desse ambiente provê as *ameaças* e as *oportunidades* para o negócio e, considerando o fim último do negócio, que é sobreviver servindo ao ambiente, ele terá *forças* e *fraquezas*. Na tradição da Administração, já se consolidou uma metodologia de avaliar o negócio e seu ambiente, denominada *Análise SWOT.*[14] SWOT é abreviatura

---

[14] O modelo de Análise SWOT é creditado a Albert Humphrey, da Stanford University. Hoje é instrumento universal da gestão estratégica.

das palavras inglesas *strengths* (forças), *weaknesses* (fraquezas), *opportunities* (oportunidades) e *threats* (ameaças).

É fundamental, na análise de um modelo de negócio, inseri-la no ambiente e verificar quais são suas forças e fraquezas e as oportunidades e ameaças que se apresentaram para seu futuro. O Quadro 1.2 resume as fontes de forças, fraquezas, oportunidades e ameaças de um negócio:

Quadro 1.2

Forças/Fraquezas	Com vistas na análise específica de um modelo de negócio. Estrutura requerida para mantê-lo operante. Competências requeridas. Proteção contra imitações. Proteção contra a concorrência. Robustez das premissas nas quais o negócio se baseia. Etc.
Ameaças/Oportunidades	Suprimentos estratégicos. Concorrência – intensidade e natureza. Distribuidores e parceiros comerciais em geral. Mercados. Etc.

Os estudos da interação entre os negócios e seus ambientes aprofundaram-se e refinaram-se. Assim, quem estiver estudando modelos de negócios pode recorrer a outros instrumentos, como o sintetizado por Michael Porter (1989), o Modelo das Cinco Forças, que enriquece sobremaneira a análise.

Síntese do modelo de Porter

Rivalidade entre os concorrentes

Quando se fala em concorrentes, há referência às empresas que vendem o mesmo produto para o mesmo mercado que a organização em estudo em questão e observa-se disputa por posição – com uso de táticas como concorrência de preços, batalhas de publicidade, introdução de produtos e aumento dos serviços ou das garantias ao cliente. Ao avaliarmos essa força, podemos determinar em que extensão o valor criado pela organização será dissipado na luta das empresas, tais como a ausência de diferenciação, existência de concorrentes divergentes e a velocidade de crescimento; ao avaliarmos os concorrentes, analisamos também o que pode atrapalhar a entrada desses concorrentes.

A intensidade da rivalidade entre os concorrentes é forte quando:

- O número de concorrentes é significativo.
- A diferenciação entre os produtos é pequena.
- Os custos de estocagem são altos.
- A taxa de crescimento do mercado é baixa.

Ameaça de novos entrantes

Entrantes são novos concorrentes que chegam ao mercado. Eles podem trazer séria instabilidade para qualquer negócio. Quando o mercado oferece barreiras de entrada, a empresa está mais protegida contra a ação dos entrantes. A seguir, algumas barreiras de entrada:

- Economia de escala: dificulta a entrada de novos concorrentes, pois as empresas que constituem o mercado e produzem grandes quantidades podem trabalhar melhor a redução de custos, fazendo com que as novas empresas que tenham um crescimento lento levem desvantagens em relação ao custo, já que elas têm de vender para crescer.
- Capital necessário: elevadas necessidades de capital são risco e desestímulo para os entrantes. Se há necessidade de capital intensivo, a pressão de entrantes será menor.
- Acesso aos canais de distribuição: devido à limitação de alguns tipos de canais de distribuição, os novos, devido à ausência de relacionamentos, terão maior dificuldade.

Poder de barganha dos fornecedores

Se os fornecedores têm poder de negociação elevado sobre os participantes de um segmento de negócios, há constante ameaça de elevação de preços ou redução da qualidade dos bens e serviços fornecidos. Fornecedores poderosos podem, consequentemente, sugar a rentabilidade de uma empresa incapaz de repassar os aumentos de custos a seus clientes. Os fornecedores têm maior poder de barganha quando:

- Existem poucas empresas fornecedoras.
- Os produtos são exclusivos e diferenciados.
- Os custos para trocar de fornecedor são muito altos.

Poder de barganha dos clientes

Igualmente, o poder de barganha dos clientes pode constituir fonte permanente de instabilidade para um negócio. O poder de barganha dos clientes costuma ser maior quando:

- As compras dos setores são em grandes volumes.
- Os produtos a serem comprados são padronizados e sem grande diferenciação.
- As margens de lucro do setor são estreitas.
- Existem poucos clientes.

Ameaça de produtos substitutos

Substitutos são aqueles produtos que não são similares aos da empresa, mas que atendem às mesmas necessidades. Os substitutos reduzem os retornos potenciais das empresas de um segmento de negócios, colocam um teto nos preços que as empresas podem fixar com lucro e, muitas vezes, deslocam o foco do interesse da clientela. Os substitutos aparecem com:

- Mudanças tecnológicas, sociais, econômicas, políticas.
- Novas tendências.
- Novos produtos.
- Novos serviços.

Completando o checklist

O checklist apresentado está longe de cobrir todos os aspectos relevantes de todos os modelos de negócios. É uma orientação inicial a ser completada com novas informações e experiências do analista.

Nos capítulos seguintes serão discutidos os modelos de organização e gestão, e novos subsídios virão para um checklist mais completo.

O checklist discutido neste capítulo poderá ser enriquecido com as chamadas ferramentas de gestão, que facilitam muito a análise e o entendimento dos negócios, organizações e processos de gerenciamento. Para uma visão de 60 dessas ferramentas, como a Matriz de Ansoff e a análise SWOT, já mostradas acima, veja Assen (2010).[15]

Tendências com impacto sobre os modelos de negócios

A grande pergunta para a análise e criação de modelos de negócios é: o que vai acontecer, isto é, quais são as tendências? A observação atenta dos eventos que se manifestam na arena dos negócios é o caminho. A seguir, quatro exemplos de tendências que parecem bastante sólidas e que já têm e continuarão tendo impacto significativo nos modelos de negócios.

Acesso à informação e possibilidade de comunicação

O acesso à informação cresceu de modo sem precedentes com o advento da internet. Qualquer pessoa (e qualquer empresa) dispõe hoje de um manancial jamais observado de informação de todos os tipos, o qual pode ser acionado para a tomada de decisões, como, por exemplo:

• Onde obter um produto ou serviço em melhores condições.
• Imediata comparação de preços.

---

[15] Não se trata de um livro de modelos, como o conceito é aqui apresentado, mas uma obra sobre *ferramentas*.

- Opiniões de outros consumidores sobre organizações, produtos e serviços.
- Orientação sobre alternativas mais adequadas para lidar com problemas, por exemplo, como agir no caso de se sentir prejudicado por uma empresa.

Por outro lado, qualquer pessoa ou empresa pode divulgar problemas que enfrentou, avaliações de produtos ou serviços e opiniões. Pode ir além, e fazer isso no contexto de comunidades digitais, que poderão reverberar a informação. Do mesmo modo, empresas podem comunicar-se com menores custos e mais eficiência com amplos mercados. Algumas consequências são:

- Modelos de negócios com base em desinformação do cliente, em informação privilegiada e em persuasão destituída de substância tendem a perder força.
- Divulgação mais fácil e barata vem viabilizando o surgimento de novos tipos de negócios, de todos os portes.

Profissionalização da gestão

Níveis crescentes de qualidade nos produtos e serviços estabelecem novos padrões de expectativas dos clientes mais informados e exigentes. É necessário que a administração se profissionalize mais e mais. Vale o velho ditado: quem não tem competência não se estabelece. Cada vez mais as pessoas estão menos tolerantes com amadorismo, erros, custos desnecessários, falhas de qualidade. Nesse contexto, mesmo os pequenos negócios precisam buscar a excelência. A seguir, um exemplo de resultado dessa tendência:

- As pequenas e médias empresas provavelmente deverão concentrar-se mais e mais em seu *core business* e recorrerão mais e mais a serviços de outras organizações especializadas. Deverão surgir novos modelos de negócios, como empresas administradoras, "terceirizadoras" de diferentes tipos de atividades. Por exemplo, uma pequena lanchonete pode não ter a qualificação necessária para produzir salgados e doces para ofertar ao cliente; possivelmente comprará de organizações especializadas (que já existem), as quais deverão crescer e melhorar sua eficiência.

Intensificação do capital

Há um crescente volume de capital acumulado em busca de investimento sólido e rentável. Esgotadas as possibilidades em grandes organizações, esse capital migra para ramos antes dominados por pequenos negócios. Maiores volumes de capital em um determinado segmento levam à aglutinação de pequenos negócios e ao estabelecimento de novos modelos de atuação. Por exemplo, na área de restaurantes: o restaurante pessoal passa a integrar uma rede de restaurantes que padroniza determinados itens e mantém outros sem padronização. O restaurante de proprietário, agora integrante da rede, pode manter seu estilo e cardápio, mas padroniza os processos gerencial e operacional. O antigo proprietário poderá transformar-se em parceiro.

Transição digital

Após os avanços da computação e, principalmente, da internet, o mundo nunca mais foi o mesmo. Atividades pessoais e sociais, além de processos de negócios, fluem rapidamente para o mundo digital. A consequência é que todos os modelos de negócios hoje existentes estão em revisão. E a história não para aí: a transição digital, embora tenha trazido impacto significativo para os negócios, está ainda na fase inicial. Com a ampliação da inclusão digital e com a prevista melhoria nos serviços de banda larga, o impacto sobre os negócios vai aumentar, seja na área de produção ou operações, seja no marketing ou na administração. Todos os negócios têm de ser repensados hoje com essa tendência em vista.

Capítulo 2

Modelos de organização

A palavra *organização* tem diferentes sentidos. Às vezes é tomada como sinônimo de empresa ou negócio, porque requer o apoio de uma organização. Outras vezes, nos estudos de administração, o termo refere-se a uma das funções do ciclo gerencial: planejamento, organização, direção, controle. Há, ainda, a referência a qualquer tipo de arranjo que visa ordenar coisas ou atividades: organização do arquivo, das entregas, do almoço.

Além de tudo isso, uma organização é uma entidade, um ser concreto, uma instituição, isto é, um ente formal instituído ou criado abstratamente, mas que toma vida concreta. Nesse sentido, que é o que mais nos interessa neste livro, vamos definir organização como um aparato ou arranjo formal, constituído com a finalidade de realizar uma função ou um conjunto específico de funções. Nesse sentido, o termo pode ser tomado eventualmente como sinônimo de sistema. Implica em grupos de pessoas que executam esforços dirigidos, integrados e coordenados, dentro de processos e regras estabelecidos, usando uma tecnologia e recursos específicos, com propósito específico.

No Capítulo 1 discutimos modelos de negócios. Agora discutiremos modelos de organizações. Já observamos que todo negócio precisa de uma organização para realizar sua tarefa básica, isto é, atender necessidades ou desejos de um segmento de mercado de forma eficaz e sustentável. Podemos dizer que um modelo de negócio não é completo sem referência a uma organização que vai executá-lo. Acreditamos que discutir, em capítulo específico, o modelo de organização (e, posteriormente, de gestão) traz vantagens analíticas e didáticas. É o que faremos neste capítulo.

Todo negócio está atrelado necessariamente a uma organização, mas nem toda organização está atrelada a negócios, pois há aquelas formais ou informais destinadas a outros propósitos, como uma igreja, uma unidade do governo, uma associação comunitária. Neste livro discutiremos especificamente organizações ligadas a negócios.

No contexto de negócios, o estudo dos modelos de organizações tem alta relevância, uma vez que a organização tem impacto direto sobre os resultados de qualquer empreendimento. São três as áreas principais de impacto:

- Custo: ao mesmo tempo que a organização é um aparato que possibilita a realização da missão de qualquer negócio, ela tem um custo. Logo, a configuração da organização, que poderá acarretar custos maiores ou menores, está diretamente relacionada com a rentabilidade e a competitividade do negócio. As organizações precisam ter custos condizentes com as condições de mercado. Por exemplo, a partir da década de 1980 praticamente todas as grandes empresas que já existiam tiveram de fazer a chamada reengenharia organizacional e o *downsizing*,[1] isto é, revisão e mudança de suas organizações. Por quê? Porque tinham estruturas produtivas grandes e caras face à nova realidade de mercado, e houve o advento das transformações tecnológicas, que permitiram a redução dessas estruturas, com consequente economia de pessoal e barateamento dos processos.

- Eficiência: a organização lida com a produção do bem ou serviço oferecido ao mercado pelo negócio. Logo, a eficiência organizacional se traduz em maior sucesso para o negócio. Organizações ágeis, flexíveis, enxutas, disciplinadas são mais adequadas para a realização das tarefas requeridas pelos mercados competitivos e instáveis de hoje. Os já citados processos de reengenharia e downsizing tiveram propósito também de tornar as organizações mais dinâmicas e capazes de enfrentar as oscilações dos mercados caracterizados por *mudanças*

---

[1] *Downsizing*, em inglês, significa redução do tamanho. Em outras palavras, redução do quadro de pessoal. Os processos de demissão coletiva para ajuste do porte das organizações foram regra nas três últimas décadas.

rápidas e intensas. Por exemplo, a redução de níveis hierárquicos, decorrentes desses processos, tornou as comunicações mais ágeis e as respostas mais apropriadas na cadeia de comando.

- Sustentação: uma organização pode contribuir para a realização de objetivos atuais ao mesmo tempo que compromete seriamente objetivos futuros. Como usualmente o intuito de um negócio é perpetuar o modelo de organização, ele deve ser sustentável, isto é, tem de contribuir não só para a empresa realizar suas metas de curto prazo, mas também para garantir a realização de metas futuras. Hoje parece haver sinais de que muitas grandes empresas talvez tenham exagerado na dose ao buscar a produtividade e competitividade nos últimos anos, e de que os modelos que adotaram provavelmente tragam resultados colaterais negativos.

Ao analisar ou propor um modelo de organização precisamos avaliar se ele dará resposta eficaz à realização da missão do negócio e em que grau ele atingirá as três metas básicas: custo, eficiência e sustentação.

Constituição da organização

O que é uma organização real ou um modelo de organização? Quais são as partes que a compõem e qual é a natureza destas? Eis o caminho para a melhor compreensão da organização ou modelo organizacional.

Qualquer análise ou criação de modelo organizacional tem de levar em conta as seguintes variáveis principais:
- Tamanho da organização.
- Tipo de organização.
- Tarefas.
- Organograma: funções, unidades, estrutura de comando.
- Processos.
- Regras.
- Sistemas de informação.
- Mecanismos de controle.

Tamanho da organização

Existiam apenas supermercados; então, a concorrência era de um tipo. De repente, surgiram os hipermercados, muito maiores, que alteraram o modelo básico do negócio e a concorrência passou a ser outra. Os hipermercados conseguem vender muito mais barato que os supermercados, por uma questão de escala. O tamanho do negócio tem tudo a ver com os resultados: custos, serviços, capacidade de atração de clientela, volume de vendas, lucros etc. Então, há o tamanho mais adequado do ponto de vista concorrencial ou competitivo.

O tamanho de um negócio mantém relação direta com os custos, eficiência e a sustentabilidade desse negócio e faz a diferença na indústria, nos serviços, no comércio. Em princípio, a organização excelente seria a menor possível, isto é, aquela que desse conta do atendimento das necessidades do negócio com o menor porte possível. O agigantamento é indesejável em termos organizacionais, mas, eventualmente, é inevitável para que o negócio atinja a máxima competitividade. O agigantamento costuma ampliar os riscos, criar desafios de comando e controle, dificultar o processo decisório etc. O grande desafio da direção é ampliar a organização, quando necessário, sem perder a eficiência.

Eventualmente a organização fica grande demais para as demandas do negócio. Isso implica em aumento de custos e perda de competitividade, tornando-se necessário o downsizing ou a reengenharia organizacional para ajustar o porte da organização às necessidades do negócio.

É fundamental verificar itens como:
- Qual é o porte da organização requerido para dar conta das demandas do mercado competitivamente?
- Qual é o quadro de pessoal necessário para garantir a excelência no desempenho?
- Quantas fábricas ou unidades operacionais são necessárias?
- Quantos escritórios administrativos ou comerciais?
- Qual é a amplitude geográfica fundamental? (Há negócios que não se sustentam mais apenas com operações locais ou regionais, precisam ser globalizados.)
- Qual é o faturamento *por pessoa ocupada* ideal para o negócio?
- Quais são os custos fixos máximos suportáveis?

Fusões e aquisições

Vivemos atualmente na era das fusões, *joint ventures*, alianças estratégicas, porque, em muitos mercados, o porte elevado da organização passou a ser fundamental. Nos dias de hoje, um dos maiores desafios enfrentados no mundo corporativo é manter uma empresa rentável em um ambiente rapidamente mutável e dominado pela intensa concorrência. Muitas companhias optam pela alternativa de unir forças e formar empresas maiores ou redes de parcerias. Entram em cena as fusões e aquisições, tendência das últimas décadas no Brasil.

Observa Triches (1996) que a aquisição ocorre quando "uma empresa ou um grupo de investidores adquire, total ou parcialmente, o patrimônio ou o controle acionário de outra empresa", enquanto a fusão caracteriza-se pela "criação de uma nova entidade por um conjunto de empresas, com uma nova identidade e administração constituída segundo a proporção dos bens patrimoniais fundidos".

Essa é uma tendência mundial que tem relevância não só para as empresas, mas também para os consumidores e governos que adotam políticas de controle da formação de monopólios e oligopólios. No Brasil, esse papel pertence ao Cade (Conselho Administrativo de Defesa Econômica).[2]

Wood Jr. et al. (2004) observam que as fusões têm por justificativa "imperativos de crescimento, mudanças econômicas ou tecnológicas, necessidade de reunir recursos para pesquisa e desenvolvimento, potencial para ganhos de sinergias, corte de custos e economias de escala e escopo". Os observadores apontam que as aquisições no Brasil foram favorecidas por três diferentes eventos, sendo eles:

- A desregulamentação dos mercados locais, associada às tendências internacionais em direção à globalização, que permitiu às empresas estrangeiras adquirirem empresas brasileiras.
- Programas de privatização, que criaram oportunidades para muitas empresas estrangeiras e brasileiras adquirirem grandes operações nos setores de energia, de telecomunicações e bancário.

---

[2] Vários economistas, incluindo Karl Marx, já apontaram duas tendências fundamentais do capitalismo: concentração e centralização do capital. Em termos resumidos, as empresas mais lucrativas concentram (acumulação) capital, agigantam-se e compram outras menos capazes de competir (centralização).

- A elevada competição internacional, associada à acelerada mudança tecnológica, que obrigou empresas domésticas a se fundirem ou a adquirirem umas às outras.

Em síntese, modelos de negócios locais ou nacionais já não se mostraram mais capazes de enfrentar a concorrência, e o crescimento – por aquisição ou fusão – foi imprescindível.

A empresa de consultoria KPMG realiza pesquisa sistemática das fusões e incorporações realizadas no Brasil. Os interessados poderão acessar seu site.[3]

Globalização

Com relação ao tamanho da organização, convém notar que hoje, em inúmeros segmentos, as empresas têm de tomar dimensões globais. A globalização propicia abertura de novos mercados, promovendo o aumento da oferta e demanda de bens e serviços, assim como favorece a ampliação do ciclo de relacionamento em busca de parcerias que permitam compartilhar conhecimento, tecnologias, logística, mão de obra, informação e outros fatores de influência socioeconômica. Nesse contexto, Marcos Cobra (2003) destaca que:

> A globalização, associada aos avanços tecnológicos, tem propiciado uma abertura muito grande de novas oportunidades para inúmeras empresas. Mas, por outro lado, a complexidade do meio ambiente empresarial tem trazido novos desafios e alterado o velho esquema de paradigma de sucesso, antes baseado em produtos atraentes e preços baixos. Assim, as empresas, para sobreviverem à guerra sem trégua de mercado, estão buscando a parceria de seus clientes e de seus fornecedores, procurando fazer do relacionamento a principal arma para a luta de mercado.

O modelo organizacional tem de ser concebido e analisado na sua capacidade de responder adequadamente às dimensões globais, com integração estratégica, gerencial e operacional eficaz.

---

[3] Disponível em: <http://www.kpmg.com.br/publicacoes_fas.asp?ft=5>. Acesso em 06 fev. 2012.

Downsizing

Nas décadas que antecederam os anos 1980, as grandes empresas gozaram de condições relativamente favoráveis para a expansão e cresceram de forma desordenada por meio da diversificação para novos negócios e ampliação dos seus negócios básicos. Criaram estruturas agigantadas que acabaram por se tornar pouco competitivas em uma era em que a velocidade e a flexibilidade tornaram-se requisitos-chave, a partir dos anos 1980. E, nessa mesma década, adveio uma forte crise internacional, que, somada à explosão tecnológica e à globalização, criou a necessidade de as empresas reduzirem custos e melhorarem rapidamente sua eficiência.

Os anos 1990 foram marcados pela reestruturação, com o downsizing. Reduziu-se radicalmente o tamanho das empresas, em geral por meio do *delayering* (redução dos níveis hierárquicos), da eliminação de funções com corte de pessoal ou da venda de negócios não estratégicos (Ferreira, 1998). As empresas ganham flexibilidade e perdem burocracia, ficam mais próximas do mercado e dos clientes.

O modelo das grandes organizações, com quadros imensos e funções muito bem definidas, com planejamento pesadamente formal, com baixo dinamismo, já não era mais adequado.

Reengenharia

Associado de forma direta ao downsizing está o processo que se espalhou pelo mundo organizacional nos anos 1990, denominado reengenharia. O termo foi criado por Michael Hammer e apresentado em artigo da *Harvard Business Review*, no começo da década referida. Posteriormente, Hammer escreveu um livro com James Champy, *chairman* da CSC Index, empresa de consultoria gerencial que foi pioneira na implantação da reengenharia nas organizações.[4] Mais que uma estratégia, a reengenharia era

---

[4] O artigo da Harvard é "Reengineering work: don't automate, obliterate" (Tradução livre: "Fazendo a reengenharia do trabalho: não automatize, elimine"). O livro chama-se *Reengineering the corporation: a manifesto for business revolution*, de Michael Hammer e James Champy. Em português: *Reengenharia: revolucionando a empresa*.

uma necessidade natural das empresas, então despreparadas para a competição nas novas regras do jogo ocasionadas pela revolução tecnológica e pela globalização.

De acordo com Hammer e Champy (1994), a reengenharia deveria atribuir à organização as seguintes características básicas:

- Simplificação dos processos.
- Descrições de funções mais abrangentes, multidimensionais, incluindo mais atividades.
- *Empowerment* (mais poder) do pessoal, menor controle.
- Ênfase organizacional, passando das realizações do indivíduo para as da equipe.
- Hierarquia mais achatada, com eliminação de níveis hierárquicos.
- Os profissionais, não os gerentes, passaram a ser os pontos focais da organização.
- A organização passa a ser alinhada aos processos, e não a departamentos.
- A base da avaliação de desempenho passa de atividades para resultados.
- O papel da gerência passa de supervisão ao *coaching*.
- As pessoas passam a não mais se preocupar em agradar o chefe, mas sim o cliente.
- O sistema de valores organizacional passa de protetivo a produtivo.

Em compensação, a carga de trabalho aumentou de maneira significativa, acompanhada do estresse.

Tipos de organização

Observemos a organização do exército:

- Todos os que nela trabalham são uniformizados, ninguém usa adereços ou enfeites corporais, há um padrão de corte de cabelos e uma postura corporal igualmente padronizada.
- Salvo em situação de conflito, predominam as rotinas, firmemente estabelecidas.

- A hierarquia é rigorosa.
- Os superiores dão ordens e estas devem ser cumpridas. Ninguém se sente humilhado por receber ordens.
- Os níveis de autoridade e responsabilidade dos vários postos são estabelecidos de modo formal e devem ser observados com rigor.
- Todos os procedimentos e as condutas são documentados. Se alguém efetua um disparo de revólver, isso acarreta um boletim de ocorrência.
- A movimentação livre para entrada e saída da unidade é restrita aos escalões mais altos da corporação.
- A comunicação tem dose elevada de formalidade.
- Desvios de conduta serão punidos e poderão acarretar em prisão ou sanções ainda mais severas.

Agora vamos imaginar uma empresa prestadora de serviços, que faz banquetes para eventos de alto nível:

- O pessoal que trabalha na cozinha ou servindo é uniformizado, mas os administrativos não o são e há ampla variação na vestimenta e estilos pessoais.
- As equipes ampliam e diminuem conforme os *jobs* em andamento, a rigor no cumprimento das tarefas, mas a rotina é mínima.
- Há hierarquia, no entanto com frouxidão muito maior, pois a organização precisa da iniciativa de todos, o que acarreta em permeabilidade entre os níveis hierárquicos.
- As ordens ficam restritas a momentos de alta tensão nos serviços. Fora disso, espera-se que os superiores, mais que chefes, sejam líderes e inspiradores.
- Procedimentos e condutas têm um grau de estruturação, mas espera-se que haja criatividade para acomodar situações emergenciais que sempre surgem.
- O grau de liberdade de cada um é maior.

Eis duas organizações diferentes quanto ao grau de burocratização. O exército, em todo o mundo, usualmente se situa entre as organizações mais burocráticas. Os prestadores de serviços, como o serviço de buffet, em geral são pouco burocratizadas. A redação de um jornal ou uma equipe de

TV terão nível de burocracia muito menor. Resumindo: há diferentes tipos de organização e cada um deverá adequar-se às necessidades decorrentes da tarefa que deve ser realizada.

Quanto aos tipos, podemos dizer que as organizações variam conforme os seguintes itens:

- Nível de rigidez das normas e regras.
- Nível de padronização no comportamento do pessoal.
- Nível de acesso à informação por parte de seus membros.
- Grau de poder concedido aos membros dos vários escalões.
- Nível de ênfase no grupo ou indivíduo para as decisões.
- Expectativas quanto à qualidade no desempenho.
- Expectativas quanto ao nível de esforço.
- Expectativas quanto ao grau de dedicação à organização.

A Google tem sido uma organização que espera bastante de seus funcionários em termos de criatividade e desempenho, no entanto, oferece ampla liberdade em relação à conduta. Em sua sede em Mountain View, Estados Unidos, a equipe da empresa pode levar o cachorro para o trabalho, trabalhar com o tipo de roupa que mais lhe agrada, orientar-se de acordo com seu próprio ritmo no trabalho, decorar seu posto de trabalho conforme lhe convir. A comunicação é ampla e fluida entre diretoria e pessoal – todos têm excelente acesso à informação. Nos últimos anos vem-se questionando se esse modelo é condizente com o porte da organização e com sua tarefa atual. A pergunta básica é: até que ponto a Google vai conseguir manter essa cultura?[5]

A "modernidade" nem sempre é a regra nas organizações mais destacadas nos dias de hoje. Conquanto pareça desejável e natural que as organizações sintonizem-se com o tempo, incorporando qualidades mais democráticas e sustentáveis, subsistem modelos que não apresentam nada disso. Algumas empresas globais são campeãs em processos por assédio moral, em uma flagrante contradição com as expectativas modernizantes.

---

[5] Santana, 2008.

Neotaylorismo na prática

Fulana é uma jovem mãe de 36 anos, gerente de loja de supermercado de uma grande rede. Condições de trabalho: envolvimento integral, horário extenso, responsabilidade total, cobrança intensa por resultados, expediente todos os dias da semana (incluindo domingos). Resta muito pouco tempo para a filha e para os projetos pessoais, todos já abandonados. O salário é razoável, mas ela sente-se cansada e frustrada. Vale a pena? – é o que se pergunta todo dia.

Naquela empresa, a meta decidida pela alta gerência tem de ser cumprida. Quem a questiona é tomado como acomodado. Acontece que o cumprimento da meta só é possível com uma conduta de vendas superagressiva, com persuasão emocional, pressão psicológica sobre o cliente, vendas para quem não precisa comprar e, quase sempre, derrapadas na ética. Quem quiser sobreviver na área de vendas tem de vender, custe o que custar. Seja por ambição exacerbada pela cultura organizacional, seja por necessidade financeira, o comportamento do pessoal de vendas reproduz um pouco da chamada "dança dos desesperados".[6] Flagrante agressão à dignidade humana e às práticas da boa gestão.

Esses dois casos são sintomas de uma tendência que tem aparecido entre as empresas e que vem despertando preocupação: o neotaylorismo.[7] É louvável que as empresas busquem maior produtividade e capacidade para oferecer melhores produtos e serviços, a preços mais baixos à sociedade, e é compreensível que tenham de ser agressivas para sobreviver à concorrência. Porém, a adoção de posturas neotayloristas é um retrocesso inaceitável, tendência que o administrador consciente deve combater.

Gareth Morgan (1996) realizou excelente estudo sobre os tipos de organização por meio do uso de metáforas. Propôs que as organizações assumem feições de máquinas, organismos, cérebros, culturas, sistemas

---

[6] Alusão às maratonas de dança que ocorriam nos Estados Unidos durante o período da Grande Depressão, com os casais dançando horas a fio, até a exaustão, para ganhar o prêmio e livrar-se da fome.

[7] Madureira, 2008.

políticos, "prisões psíquicas", fluxo e transformação, e instrumentos de dominação. Em cada uma dessas configurações cognitivas e práticas as organizações comportam-se de dado modo, e isso acarreta uma série de consequências em relação ao desempenho empresarial e aos resultados para os *stakeholders*. A análise dos modelos organizacionais fica bastante enriquecida pela incorporação da tipologia de Morgan, e sua obra é uma referência indispensável também do ponto de vista teórico, por estabelecer um completo levantamento bibliográfico das vários enfoques analíticos organizacionais.

Tarefas organizacionais

Quais são as tarefas fundamentais executadas por uma organização? Vejamos algumas tarefas necessárias ao atendimento de um mercado:
- Identificação da necessidade de mercado.
- Criação do produto.
- Produção.
- Vendas.
- Distribuição física.
- Financiamento da operação.
- Financiamento ao cliente.
- Controle da operação.

Há empresas que realizam todas essas tarefas, contando com o suporte de organizações mais completas e complexas, enquanto outras se atêm a algumas operações, terceirizando as demais ou fazendo parcerias estratégicas com outras.

Na configuração do modelo de organização, é estratégico definir:
- Quais são as tarefas que a organização deverá realizar.
- Que parcerias realizará para cumprir a tarefa integral.
- Qual é o grau de sustentabilidade e eficiência que essas escolhas propiciam.

Organograma – funções, unidades, estrutura de comando

As grandes tarefas organizacionais desmembram-se em tarefas especializadas, realizadas por unidades. Há dois tipos de unidades: as UNs (unidades de negócios) e as UFs (unidades funcionais).

As primeiras são organizações dentro da organização maior, que se responsabilizam por negócios específicos, seja por atender a uma clientela estabelecida ou por responder por um ou um conjunto de produtos – ou as duas coisas: clientes e produtos. Exemplos:

- Em um hipermercado:
    - Divisão de mercearia: comercializa os produtos típicos de mercearia: embutidos, latarias, frios, higiene e limpeza.
    - Divisão panificadora: comercializa os produtos de padaria e confeitaria.

- Em uma indústria alimentícia:
    - Divisão de laticínios: comercializa (e às vezes produz) iogurtes, leite, queijos.
    - Divisão de frigorífico: comercializa carnes, embutidos etc.

As UFs, por outro lado, dedicam-se a funções específicas: recursos humanos, finanças, marketing etc.

Tanto as UFs quanto as UNs subdividem-se em funções específicas. Por exemplo:

- Divisão de laticínios:
    - Produção.
    - Logística.

- Divisão financeira:
    - Controladoria.
    - Tesouraria.
    - Contabilidade.

Uma ressalva importante: nas empresas, a nomenclatura pode variar bastante. Do ponto de vista da análise dos modelos organizacionais, a nomenclatura não tem, naturalmente, relevância, pois buscam-se as atividades e funções específicas, quaisquer que sejam os nomes dados.

A estrutura de comando é um conjunto de ligações de autoridade e responsabilidade. Diz quem é responsável pelas várias atividades ou funções, quem responde a quem, quais as relações horizontais e verticais que se verificam. No exemplo da Figura 2.1, as UFs provavelmente estão acomodadas sob o nome Processos funcionais, e as UNs são apresentadas em suas segmentações maiores, que certamente são subdivididas em unidades menores.

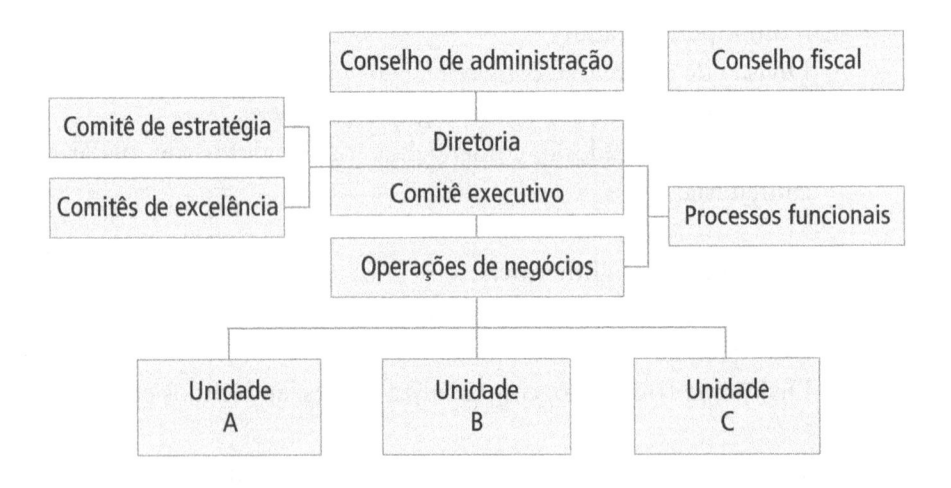

Figura 2.1 – Exemplo de estrutura de comando

Modelos tradicionais

No que diz respeito à distribuição maior das tarefas, as organizações têm alguns modelos já consagrados e, embora alguns sejam bastante antigos, ainda têm forte presença no mundo empresarial (Figura 2.2). Vejamos:

- Organização por funções: é o modelo mais simples de organização, usualmente válido para organização que opera em pequena escala, com produto único ou bastante padronizado, clientela igualmente uniforme e concentrada regionalmente. Boa parte das empresas, em seu período de consolidação inicial, tem esse tipo de modelo.

- Organização por regiões: aqui já vemos uma organização que se tornou um pouco mais complexa. Pode ser que opere com um produto único ou com uma linha padronizada, mas expandiu-se por novas regiões, o que demandou criação de estrutura de atendimento nessas regiões. As funções maiores (marketing, recursos humanos, produção, finanças) continuam valendo para todas as regionais.
- Organização por mercados: no caso, houve diversificação significativa da clientela, e isso demandou estruturas especializadas por clientes, para um tratamento de maior qualidade nas demandas de cada segmento. Igualmente, as funções maiores continuam valendo para todos.
- Organização por produtos: esse tipo de organização é a que passou por diversificação significativa nos produtos, a ponto de tornar-se vantajosa a criação de unidades especializadas.
- Por projetos: alguns tipos de organização têm projetos diversificados, como uma construtora que esteja erguendo diferentes edifícios ao mesmo tempo ou realizando obras diferenciadas concomitantemente. Nesses casos, a organização por projetos parece mais racional e eficaz.
- Matricial ou complexa: são as organizações em que diferentes formas de organização convivem. Ao mesmo tempo que a organização tem uma estrutura central com as grandes funções (marketing, finanças, recursos humanos, tecnologia), há organização (ver Figura 2.2) por unidades estratégicas de negócios (UENs) com diferentes combinações (por produto, mercado, região). É a tendência natural das organizações que crescem e se tornam mais complexas. Os termos usados no organograma das páginas 42 e 43 refletem a nomenclatura atual, que tende à universalização.

Processos

Como se dá a criação, o desenvolvimento, o lançamento e a administração de produtos na organização? Como funciona o recrutamento e a seleção de gerentes? Quais são as etapas de captação e atendimento de pedidos? Eis alguns exemplos de processos. Toda organização é necessariamente um conjunto de processos, e entender quais são eles e como funcionam é crucial para analisar o modelo organizacional.

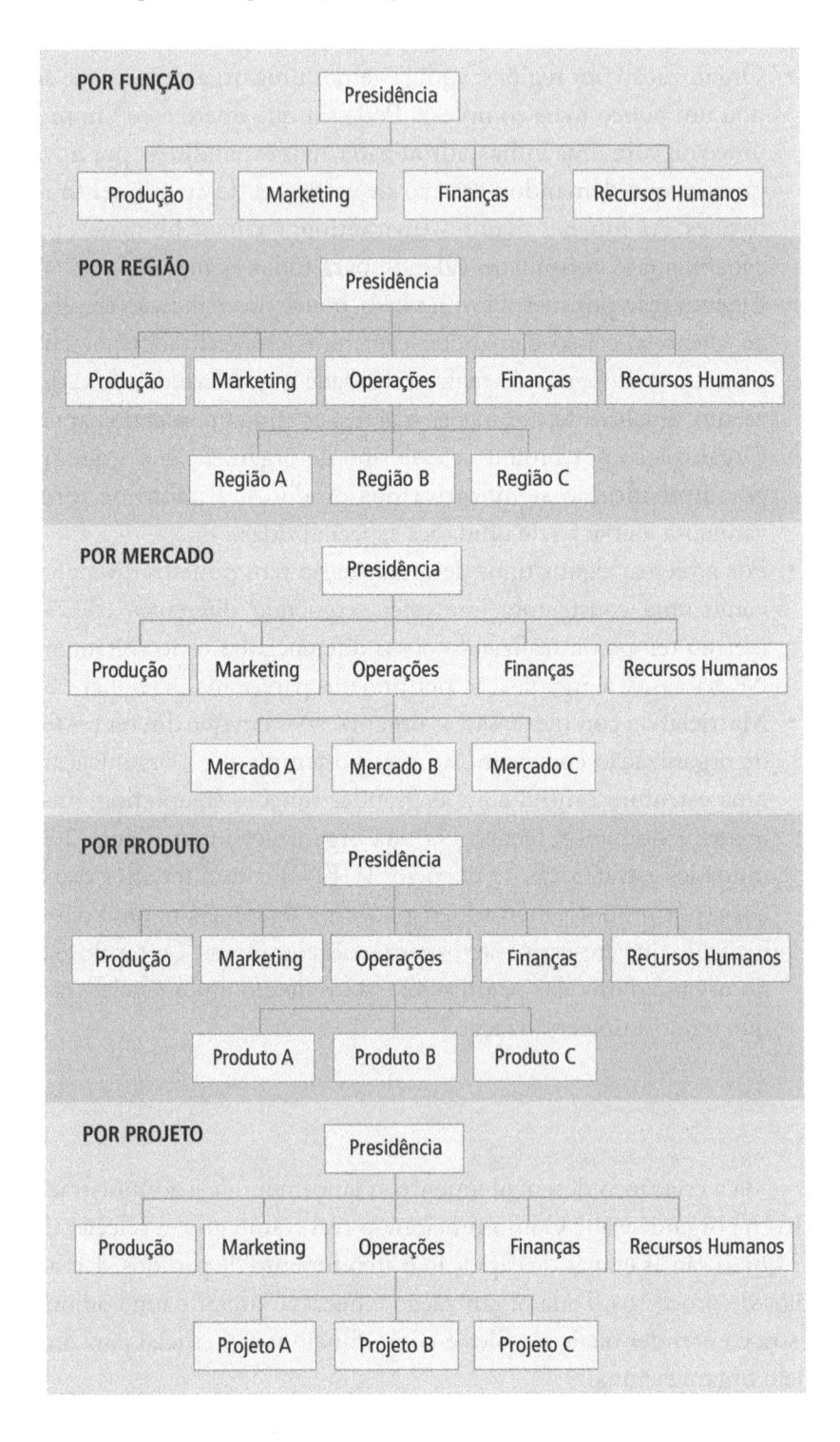

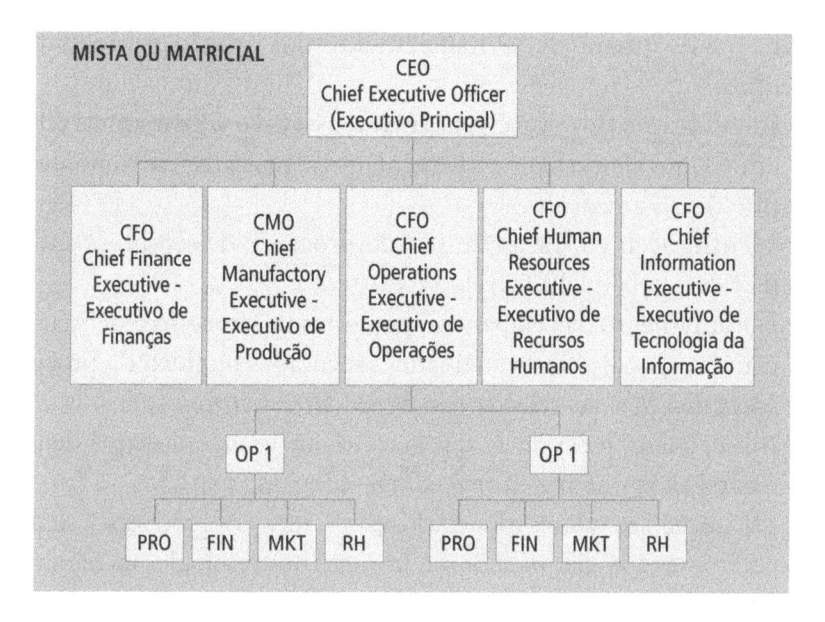

Figura 2.2 (acima e na pág. anterior) - Modelos de distribuição de tarefas

Alguns processos são estratégicos, revestem-se de maior importância para o desempenho e o futuro da organização. Aqui se encaixam os processos de compra de empresas, de expansão e de lançamento de produtos. Outros são gerenciais, dizem respeito à busca da eficiência nas várias funções gerenciais: planejamento, organização, direção e controle. Outros, por fim, são operacionais, como os processamentos de pedidos.

Mapeamento de processos

A atividade denominada *mapeamento de processos* é essencial na condução de projetos de melhoria do desempenho organizacional. Por meio dela se obtém uma visibilidade adequada das movimentações de informação, de recursos materiais e de pessoas no âmbito da organização, o que resulta em localização de gargalos e pontos de ineficiência. A partir daí, processam-se modificações com a finalidade de ampliar a produtividade da organização – que em última análise se resume a redução de custos, ampliação da eficiência e da qualidade. O mapeamento dos processos inclui algumas tarefas como:

- Identificação dos processos críticos: esses são aqueles mais relevantes em termos de custos e resultados, os de maior impacto no desempenho da organização.
- Identificação da "razão de ser" do processo, de seu propósito maior, da razão pela qual foi criado e existe.
- Levantamento das etapas componentes do processo e de sua sequência, isto é, quais são as atividades executadas no fluxo do processo.
- Identificação das relações de dependência entre os elos da corrente, isto é, quem depende de quem e em que grau, ou seja, as denominadas relações clientes-fornecedores internos.
- Definição dos valores monetários envolvidos nos processos e suas etapas, com vistas a avaliar melhor seu impacto nos resultados da organização.
- Identificação de gargalos e pontos de ineficiência nos processos e suas causas.
- Busca de alternativas de reorganização dos processos com vistas à melhoria da eficiência.

Regras

Algumas empresas estabelecem que seus executivos devem se aposentar aos 60 anos de idade. Esse é um exemplo de regra organizacional com impacto estratégico. Em qualquer organização encontraremos um conjunto de regras que cobrem desde questões estratégicas, nos níveis mais altos, até questões menores, no âmbito operacional. Incluem-se, por exemplo, o horário de funcionamento, os critérios de promoção, as regras para o gozo de férias, o uso de uniformes e um sem-número de tópicos similares.

Sistemas de informação

Sistemas de informação dizem respeito à captação, processamento e distribuição de informação estratégica, gerencial e operacional no âmbito da organização. Têm hoje altíssima relevância, seja em decorrência da própria importância que a informação tomou no contexto da gestão ou em decorrência do impacto que a tecnologia da informação (TI) tomou no manuseio desta. Qual é o grau de informatização observado na empresa? Qual é a proporção das informações processadas eletronicamente e as realizadas manualmente? Que tipo de ERP[8] é usado e qual é seu peso no contexto da gestão? Essas são algumas questões fundamentais para se avaliar o modelo de organização.

Mecanismos de controle

Iniciativa e controle usualmente são opostos. Há organizações que controlam mais as ações de seus membros e outras menos, deixando maior espaço para a iniciativa. Tudo isso, é claro, tem impacto sobre o desempenho do todo. Na análise do modelo de organização é fundamental verificar até que ponto a ênfase é dada no controle ou na iniciativa e quais são os mecanismos a que a organização recorre para efetuar o controle.

Vejamos alguns mecanismos de controle geralmente recomendados como boas práticas de gestão:
- Manual de procedimentos.
- Orçamento.
- Organograma e descrição de funções.
- Controle de presença.
- Avaliação de desempenho.
- Reuniões de planejamento.

Análise do modelo de organização

Como observou Chandler (1998), "a estrutura segue a estratégia". Vale dizer: a organização não é um fim em si mesma, mas um meio de viabilização de um negócio. Assim, o design da organização será adequado se ela for capaz de dar

[8] ERP (Enterprise Resource Planning), sistemas de gestão baseados em tecnologia da informação.

o suporte necessário ao negócio. A organização pode ser avaliada de acordo com um critério triplo, como propõem Burton e Obel (2004):

- Eficácia: realiza sua finalidade e atinge seus objetivos.
- Eficiência: utiliza o menor volume de recursos para obter seus produtos e serviços.
- Viabilidade: existe por um longo período de tempo.

Uma gestão eficaz deveria manter a organização atualizada e afiada para cumprir de maneira satisfatória essas metas. Entretanto, há formas saudáveis e deterioradas de passar pelas várias etapas do ciclo de vida e, com frequência, o envelhecimento traz problemas organizacionais, como observa Adizes (2004), tais como:

- A autoridade não é equivalente à responsabilidade.
- A organização dirige a gerência.
- A gerência é levada pela inércia.
- Tudo é proibido, a menos que expressamente permitido.

A deterioração organizacional provavelmente é a regra. Poderá ser mais lenta e quase imperceptível ou mais rápida e flagrante, mas lá está o processo subjacente de progressiva perda da funcionalidade e da eficiência das partes e do todo. Parece natural que:

- A organização tenda a virar fim em si mesma e não um instrumento para a realização dos fins para os quais foi criada.
- Os privilégios dos membros detentores do poder tendam a consolidar-se e que tais membros passem a defender com unhas e dentes tais privilégios, mesmo à custa do desempenho organizacional.
- A acomodação se estabeleça consciente ou inconscientemente a partir do ponto em que os lucros se tornem a regra.
- Os investimentos em desenvolvimento organizacional sejam vistos como gastos evitáveis, senão desnecessários, e que os recursos sejam desviados para a conta dos lucros, dos salários ou benefícios para os *stakeholders*.
- Que as normas adquiram uma sólida aparência de "o melhor jeito" de fazer as coisas, fazendo com que as ineficiências não sejam percebidas ou sejam negadas.

- As acomodações políticas produzam "remendos" nos organogramas, nos processos decisórios, nas normas.

O diagnóstico organizacional mostra-se necessário ou até inevitável na criação de organizações sólidas.

Diagnóstico organizacional

Pode ser definido como o processo de coleta de informações e análise da organização, com o objetivo de estabelecer até que ponto esta vem satisfazendo sua finalidade com eficácia, eficiência e sustentabilidade. Estabelece as *não conformidades*[9] entre a organização ideal e a real e dá base para a tomada de decisão para melhoria e desenvolvimento sustentável da organização.

Em geral, o diagnóstico organizacional é feito em situação de crise ou em grandes mudanças empresariais, como no caso de fusões ou incorporações. Idealmente poderia ser feito de tempos em tempos, sem essas motivações excepcionais, como instrumento de manutenção da adequação do design.

Etapas do diagnóstico

A realização do diagnóstico organizacional passa pelas seguintes etapas:
1. Análise do modelo de negócio: se a organização tem o propósito de viabilizar um negócio, o modelo de negócio adotado será condicionante no design organizacional. É necessário, então, em primeiro lugar, esclarecer com precisão qual é o modelo de negócio e o que ele demanda da organização.
2. Definição do modelo ideal: com vistas às necessidades do negócio, define-se o modelo ideal de organização.

---

[9] Não conformidade: não atendimento a requisitos especificados por um produto, processo ou serviço. Fonte: EMBRAPA MANDIOCA E FRUTICULTURA TROPICAL. "Glossário", *Sistema de Produção*, 15, 2. ed., nov. 2007. Disponível em: <http://sistemasdeproducao.cnptia.embrapa.br/FontesHTML/Citros/CitrosBahia_2ed/glossario.htm#n>. Acesso em 04 abr. 2012

3. Busca de informação sobre a organização atual: levantam-se as informações sobre a organização atual e sobre as disparidades entre esta e a ideal.
4. Traça-se o perfil da organização atual, suas forças e fraquezas. Apresenta-se uma avaliação com base nas não conformidades observadas e também nos aspectos positivos registrados.
5. Propõem-se as mudanças necessárias para que a organização aproxime-se o mais possível do ideal.

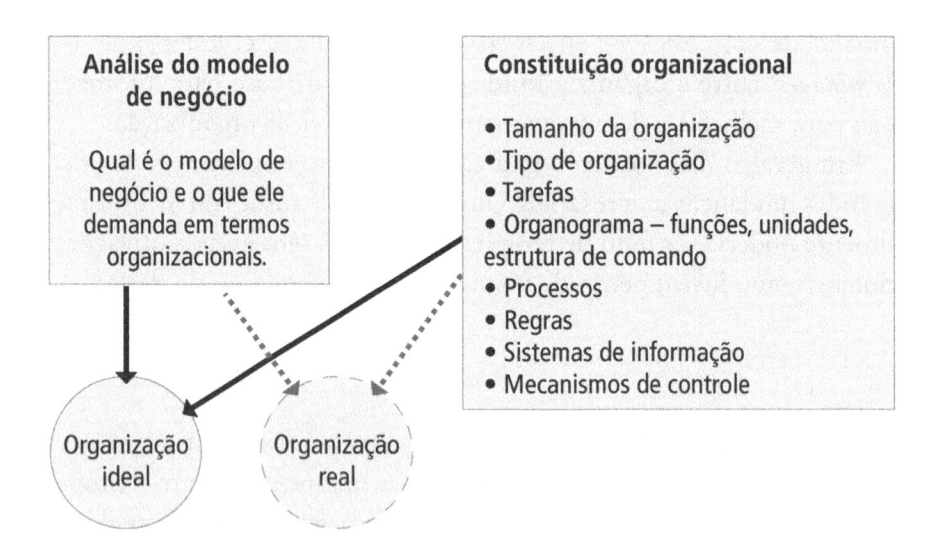

Figura 2.3 – Diagnóstico organizacional

Novos modelos organizacionais

Dois acontecimentos principais vieram alterar significativamente as possibilidades em termos de design organizacional: a TI e a consolidação das práticas de terceirização (Schermerhorn Jr., 2007).

A TI trouxe mudança revolucionária nos processos de gestão, incluindo diminuição da necessidade de pessoal, ampliação da rapidez no trânsito de informações, ampliação dos recursos de controle, visibilidade das operações etc. Torna possível a empresa operar quase inteiramente por processos automáticos no ambiente da internet, com uma relação altíssima de faturamento por pessoa ocupada. Igualmente faculta a existência da organização virtual, que engaja diferentes empresas (clientes, fornecedores, prestadores de serviços) na gestão de necessidades comuns. Propicia também a formação de equipes cujos membros trabalhem em cooperação permanente, em tempo real, mas em lugares diferentes.

A terceirização, prática antiga que se consolidou a partir dos anos 1980, ampliou o potencial de flexibilização das operações e de redesenho do projeto organizacional. Abre-se um leque de oportunidades de inovação em todos os aspectos da constituição organizacional. Algumas das novas alternativas organizacionais incluem, por exemplo, a empresa com baixíssima quantidade de empregados – decorrente da terceirização intensiva.

A chamada *estrutura em rede*, viabilizada pela TI, pode ser representada como na Figura 2.4.

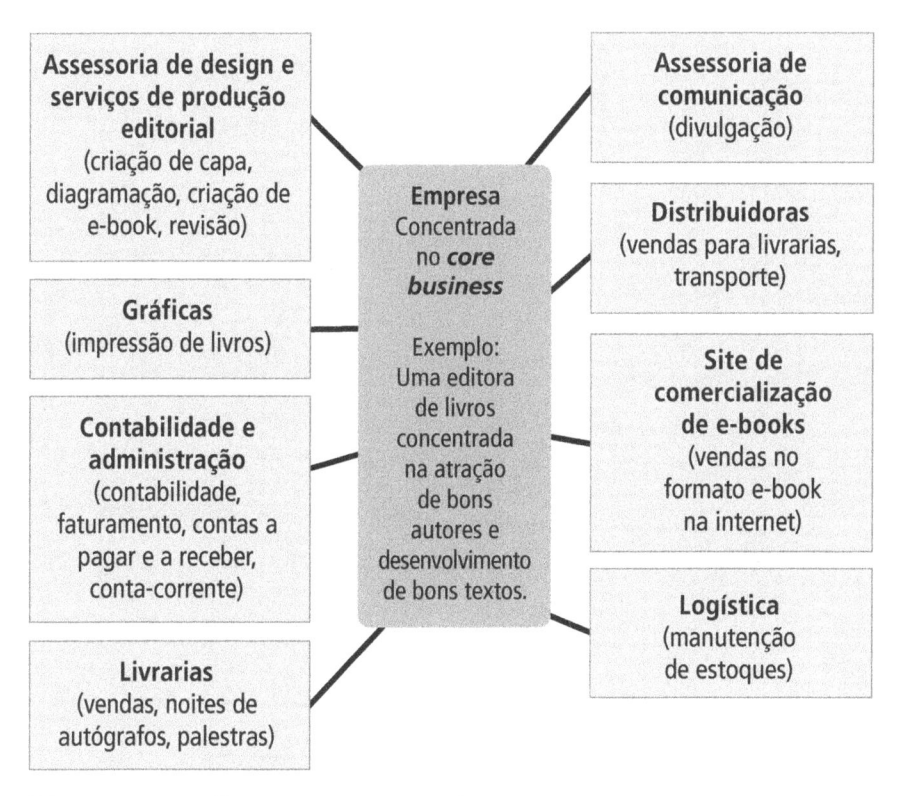

Figura 2.4 – Estrutura em rede

Capítulo 3

Modelos de gestão

Desde os primórdios da civilização, a questão de dirigir o trabalho de grupos humanos mostrou-se relevante e foi objeto de estudo. Entre os egípcios, a partir de 4.000 a.C., questões como necessidade de planejamento, organização e controle, honestidade na liderança, descentralização, entre outras, já se faziam presentes. A partir daí, em diferentes épocas e civilizações, sempre as questões de gestão ligadas à agricultura, ao comércio, à economia, à guerra, ao estado e às relações internacionais conquistaram a atenção de pensadores de diferentes origens (Georges Jr., 1974).

Mais recentemente, já no ambiente capitalista, nos séculos XVIII e XIX, as preocupações com a gestão do trabalho tomaram vulto, suscitadas pelos economistas e também pelos administradores daquelas organizações que formaram os embriões da empresa moderna. As questões centrais passaram a gerir o trabalho de grandes grupos de trabalhadores, operando em ambientes que incluíam a tecnologia industrial, com o propósito de produzir quantidades crescentes de bens, visando o lucro. Nesse contexto, modelos de gestão emergiram em diferentes correntes de pensamento, focalizando alguns tópicos fundamentais, como o design das tarefas, a produtividade do trabalhador, o design da organização, o papel da gerência e as relações entre gerente e pessoal.

Escolas de pensamento de gestão

A partir da segunda metade do século XIX, sucederam-se o que se poderia chamar de escolas do pensamento de gestão, isto é, conjuntos estruturados de ideias com foco, conceitos e prescrições específicos. Apresentam o que aqui denominamos modelos de gestão.

A escola clássica reúne três pensadores típicos principais: o engenheiro americano Frederick Winslaw Taylor (1856 a 1915), o engenheiro francês Henri Fayol (1841 a 1925) e o sociólogo alemão Max Weber (1864 a 1920). Entre as ideias principais dessas três correntes, destacam-se as seguintes (Merrill, 1960; George Jr., 1974; Schermerhorn Jr., 2007).

As ideias de Taylor formam o que se denomina administração científica, cujo foco era colocar "o homem certo no lugar certo", encontrar as melhores alternativas (*best way*, hoje se poderia chamar de melhores práticas) a partir da experiência dos melhores trabalhadores e implantá-las, planejar a tarefa, estudar tempos e movimentos, medir e controlar as atividades do trabalhador. Taylor juntou ideias já presentes nas fábricas e apresentadas por inúmeros predecessores e contemporâneos, como William S. Jevons, Charles Babbage, Frederick Halsey, Frank B. Gilbreth e Henry L. Gantt. As ideias de Taylor e de outros estão presentes e consolidadas nas empresas modernas. A leitura do livro de Fayol (1990) mostra como a maioria das ideias nele condensadas ainda são úteis nas empresas de hoje.

Henri Fayol também ainda está presente, e seu livro aqui citado (Fayol, 1990) igualmente evidencia isso. Seu foco era o papel e as atividades fundamentais do gerente. Lidou com questões como autoridade e responsabilidade, disciplina, criação de um *sprit de corps*[1], equidade e sensibilidade no tratamento com o pessoal. Fayol é chamado de "pai da gerência". Condensou ideias presentes desde o início do século XIX em estudos de outros, como Adam Smith, James Mill, Mary Parker Follet, Henry Metcalfe etc.

Max Weber teve como foco a organização burocrática intencionalmente criada, fundada em princípios da lógica, idealmente imune ao desvio da emoção, com base em hierarquia rígida, em normas e procedimentos claramente

---

[1] Expressão de origem francesa, que quer dizer moral do grupo, adesão aos objetivos comuns e compromisso com estes, motivação grupal para a realização da tarefa.

estabelecidos, impessoais e meritocráticos. A discussão de questões de autoridade, liderança e comportamento racional eficiente na função de comando ocupou espaço relevante na obra de Weber.

De um modo geral, a visão clássica colocou ênfase na gestão racional, com o pressuposto de que o correto design da tarefa, das relações gerência-pessoal ou da organização por si só deveria assegurar a maximização da produtividade e eficiência. O comportamento humano não foi contemplado com a devida atenção, o que tomou vulto na escola comportamental, com os trabalhos de Elton Mayo, Douglas McGregor, Chester Barnard, Abraham Maslow, Chris Argyris, entre outros. Ganharam importância questões como grupos informais e seu peso na determinação da produtividade, da motivação, de relacionamentos internos etc.

A partir de então, a estrutura da ciência administrativa incorporou inúmeras novas abordagens, como, por exemplo, os enfoques quantitativos na gestão, as teorias sistêmicas, a visão contingencial, os enfoques sobre processo decisório (Ferreira et al., 2006). De certa forma, cada uma dessas ramificações apresenta um modelo de gestão com foco e propósito específicos, conceitos e visões próprios, a que o interessado em um aprofundamento de seus estudos pode recorrer. Trata-se de um corpo de conhecimento considerável sobre os vários ângulos da gestão. Este livro, que tem propósitos didáticos e práticos mais restritos, não se estenderá nessas abordagens.

Gerência e modelo de gestão

Há uma antiga piada que relata a história de um leão que fugiu do circo e entrou em uma empresa, onde procurou se esconder bem. Com o passar do tempo veio a fome e ele teve de buscar alimento, o que fez com estratégia e maestria. Sorrateiramente, sem deixar pistas, comeu um gerente. O tempo passou e a fome apareceu de novo, obrigando-o a buscar com cuidado um novo gerente para comer. Assim, completou seu primeiro ano na empresa, comendo gerentes de modo discreto e bem refletido. Sua vida estava absolutamente sob controle até o dia em que, movido pela fome, saiu para caçar um gerente e, não encontrando, comeu a faxineira. Foi o seu erro: no mesmo dia foi descoberto e aprisionado!

É verdade que algumas organizações têm gerentes demais, a ponto de não fazerem falta, mas o fato é que eles são indispensáveis. Quando se juntam pessoas para realizarem uma tarefa coletiva, como é o caso da produção de bens para satisfazer necessidades dos clientes, é necessário coordenar os esforços, e os gerentes de diferentes níveis cumprem tal função. Com nomes diferentes − coordenador, chefe, supervisor, gerente, diretor, vice-presidente, CFO, CIO, CMO, CEO[2] e outras nomenclaturas em voga −, há os profissionais dedicados à função gerencial.

Gerência

Processo de dirigir o trabalho da equipe para a realização da missão para a qual foi criada. Isso implica em exercer um poder que lhe foi delegado no contexto da organização e assumir as responsabilidades pelos resultados do trabalho da equipe.

As funções básicas da gerência podem ser vistas sob o prisma do ciclo gerencial adaptado de Henry Fayol,[3] conforme Figura 3.1. Os gerentes adotam diferentes modos de realizar suas funções, têm diferentes estilos. Alguns são mais formais no relacionamento com os subordinados, outros são menos; alguns tomam decisões com base em análises minuciosas, ao passo que outros se conduzem mais pela intuição e experiência; alguns são mais democráticos, outros mais autoritários.

É natural que se busque um alinhamento de valores e comportamentos nas organizações. Assim, elas acabam tendo um estilo gerencial predominante. E, lógico, há variações grupais e individuais, mas dificilmente desvios significativos são observados nos aspectos mais fundamentais da gestão. Pode-se falar, então, em modelo gerencial ou estilo gerencial da organização, que reflete modos de gerenciar que são aprovados e desvios que são reprovados no contexto da cultura organizacional. Esse modelo de gestão é, por natureza, parte da cultura. Há aqui uma relação de interferência: o estilo gerencial, de certa forma, cria e reforça a cultura e é afetado por ela, faz parte dela (Figura 3.2).

---

[2] CFO = Chief Financial Officer; CIO = Chief Information Officer; CMO = Chief Marketing Officer; CEO = Chief Executive Officer.
[3] Fayol, 1990.

Figura 3.1 – O processo gerencial

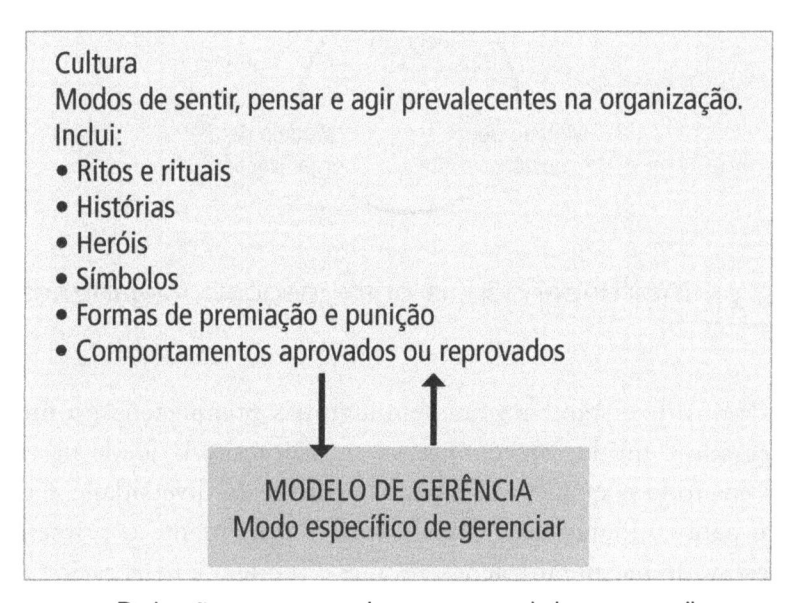

Figura 3.2 – Relação entre cultura e modelo ou estilo gerencial

Modelo de gerência ou gestão

Modos específicos de pensar, sentir e agir da gerência de uma organização no relacionamento com o pessoal. Incluem conceitos e valores prevalecentes, sentimentos e atitudes predominantes quanto aos vários objetos e questões, comportamentos típicos. Há o pressuposto subjacente de que as formas adotadas de pensar, sentir e agir levem à maior realização dos objetivos organizacionais e, por extensão, empresariais (do negócio).

O modelo de gestão pode ser mais racionalmente construído ou menos. Em algumas organizações ele é concebido de maneira cuidadosa para que se torne um real instrumento de eficiência e eficácia. Isso ocorre particularmente nas organizações mais atualizadas do ponto de vista conceitual, mais modernas, por assim dizer. É evidente que as novas organizações que já nascem amparadas pelo capital intensivo para competir em grandes mercados costumam ter tal característica. Em outras, o modelo de gestão é o resultado da história e evolui naturalmente, sem que haja maiores intenção ou consciência quanto à sua configuração.

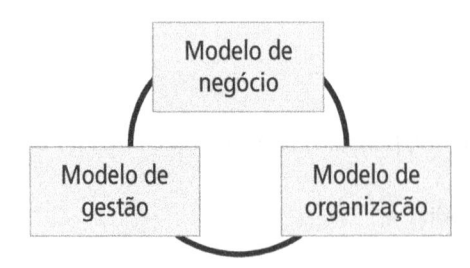

Figura 3.3 – Interdependência entre negócio, organização e gestão

Podemos dizer também que, em algumas organizações, o modelo é mais integrado e nítido, isto é, observa-se maior similaridade na conduta gerencial em todo o quadro. Em outras, o nível de diversidade é maior e há espaço para condutas mais divergentes. Naturalmente o primeiro caso é mais observado nas organizações em que o modelo é mais racionalmente construído ou administrado.

O modelo é condicionado pelo negócio e pela organização e, ao mesmo tempo, os afeta. Eventualmente uma ou mais dessas três dimensões têm reduzidos níveis de eficiência e eficácia, comprometendo a excelência do todo.

Propósito da gerência

Heskett et al. (2002) propuseram, no início dos anos 1990, o conceito de *service profit chain*, que aponta uma relação direta entre lucro e a satisfação e lealdade do pessoal. A ideia central é que os lucros e o crescimento originam-se da satisfação e da lealdade dos clientes; estas, por sua vez, decorrem de serviços de qualidade, que provêm de um quadro de pessoal satisfeito e fiel. Nessa perspectiva, o papel da gerência fica claro e pode ser estabelecido da seguinte maneira:

- Desenvolvimento de uma cultura de competência e profissionalismo, com vistas a produzir efetivos valores para os clientes.
- Ampliação do capital intelectual da organização, para que esta se torne cada vez mais capaz de enfrentar seus desafios.
- Promover o alinhamento estratégico do quadro funcional com a missão da empresa, seus objetivos e estratégias.
- Criação de um ambiente de satisfação e produtividade que leve à ampla expressão do potencial de cada empregado.
- Desenvolvimento das competências fundamentais da equipe e de cada um dos empregados sob sua supervisão.

Espera-se que a gerência atinja tais metas, não mais por imposição de autoridade, mas sim pela liderança, pela obtenção da adesão espontânea. No passado, o trabalho do gerente caracterizava-se por uma dose maior de direção quanto ao que devia ser feito e como. No contexto de sociedades em que a democracia é um valor consolidado, com melhores níveis de informação, maior diversidade e aspirações individuais de realização, essa conduta não mais se revela eficaz. Assim, em vez de apontar o que tem de ser feito e como, o gerente deve dar estímulo para que as soluções venham do liderado e dar apoio para que elas se concretizem.

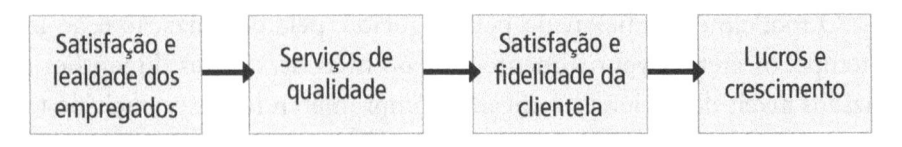

Figura 3.4 - Cadeia dos lucros

Gestão da cultura

As organizações necessariamente desenvolvem uma cultura própria, e esta poderá ser mais ou menos adequada para que suas tarefas fundamentais se realizem. Desde o início dos anos 1980 (Saffold, 1988), os termos *cultura forte* e *cultura fraca* são usados para indicar níveis de contribuição cultural para a excelência organizacional.

Dentre os principais instrumentos da formação e manutenção da cultura, podem-se apontar:

- A comunicação: por meio de mensagens formais ou informais, explícitas ou implícitas, os integrantes do topo da hierarquia sinalizam ao quadro suas expectativas quanto a formas de pensar, sentir e agir. Tais comunicações manifestam-se nas interações face a face e também em eventos, rituais, treinamentos dirigidos etc.
- A conduta dos integrantes do topo da hierarquia: os integrantes dos altos escalões têm alta visibilidade e os membros da organização e seus comportamentos são tomados como modelo legítimo. O exemplo é um dos mais fortes mecanismos de criação e sustentação da cultura.
- Os mecanismos de premiação e punição adotados: os detentores do poder têm a função de premiar ou punir as condutas observadas entre os membros. A premiação pode ser um simples elogio ou a promoção a um cargo superior na hierarquia e, igualmente, a punição poderá variar de uma crítica até a demissão.
- A seleção: os critérios de seleção de empregados por si sós já eliminam candidatos com potencial de divergência cultural e privilegiam aqueles que parecem mais adaptáveis à cultura existente.

Entre os papéis fundamentais do gerente está o de contribuir para a identificação dos traços culturais mais necessários à empresa, a assimilação desses e o seu repasse ao pessoal. Essa é uma tarefa coletiva dos integrantes do topo, que se influenciam de forma mútua. Essa tarefa se realiza em um contexto no qual os membros do topo influenciam e recebem influência do pessoal, naturalmente. Portanto, a cultura de uma organização não é obra exclusiva dos detentores do poder.

Tabela 3.1

Cultura forte	Cultura fraca
• Valores voltados para a satisfação do cliente, produtividade, resultados • Cooperação interna, intra e interdepartamental • Impulso à iniciativa, inovação, realização • Atitudes positivas com relação ao trabalho, à empresa, à direção, ao cliente • Sentimentos produtivos: otimismo, alegria, amizade • Valorização do pessoal, do talento, da contribuição	• Valores voltados à preservação do *status quo*, privilégios, processos internos não relacionados com a razão de ser da empresa • Competição disfuncional • Passividade, acomodação • Atitudes negativas • Sentimentos improdutivos: ressentimentos, mágoas, pessimismo • Não reconhecimento, ausência de incentivos, desatenção

Ampliação do capital intelectual

Na atual economia baseada no conhecimento, o conceito de capital intelectual toma relevância. Na definição de Thomas A. Stewart (1998):

> O capital intelectual constitui a matéria intelectual – conhecimento, informação, propriedade intelectual, experiência – que pode ser utilizada para gerar riqueza. É a capacidade mental coletiva. É difícil identificá--lo e mais difícil ainda distribui-lo de forma eficaz. Porém, uma vez que o descobrimos e o exploramos, somos vitoriosos.

A formação de capital intelectual requer, entre outros aspectos, que:

- Tome-se o conhecimento como instrumento mais valioso de realização da missão – e que ele seja valorizado devidamente.
- A empresa tenha pessoas qualificadas em suas funções.
- Propicie-se treinamento e desenvolvimento contínuo para o quadro funcional.
- Não só se permita, mas também se estimule, a expressão intelectual dos seus membros.
- Ofereça-se o necessário suporte à inovação.
- Crie-se um clima interno de partilha produtiva de informação e conhecimento.
- Haja mecanismos de reconhecimento e premiação das contribuições individuais.
- Existam mecanismos de captação, processamento e distribuição do conhecimento relevante.
- A organização abra-se para o ambiente, permitindo captação de informações e confrontação de suas "verdades" internas com a visão externa.

Valor do conhecimento

Bem-aventurados o homem que acha sabedoria e o homem que adquire conhecimento. Porque é melhor a sua mercadoria do que artigos de prata, e maior o seu lucro que o ouro mais fino. Mais preciosa é do que os rubis, e tudo o que mais possas desejar não se pode comparar a ela. (Provérbios 3, 13-15)

Nos últimos anos, popularizou-se o conceito de *learning organization* (organização em constante aprendizagem). Criado por Chris Argyris, professor em Harvard, designa as empresas que aprendem à medida que seus trabalhadores vão ganhando novos conhecimentos (Moraes, 2001). O conceito é baseado na ideia de Argyris, chamada de *double-loop learning* (quando os erros são corrigidos por meio da alteração das normas empresariais que os causaram). Em 1990, Peter Senge, professor do MIT (Massachusetts Institute of Techology), popularizou o conceito com o best-seller *A Quinta Disciplina*

(Senge, 1990), no qual apontou a importância da partilha interna do conhecimento, da disciplina para construção de um saber coletivo, para a visão sistêmica nas concepções da empresa, para o fortalecimento do indivíduo como gerador de conhecimento.

Alinhamento estratégico

As estratégias são fixadas no topo da organização. Esse estabelecimento da estratégia nos níveis superiores da hierarquia é inevitável porque ela requer exercício do poder supremo no contexto organizacional e, necessariamente, conterá elementos de sigilo, além de demandar o maior nível possível de qualificação e capacidade de julgamento. Isso não quer dizer, naturalmente, que não possa conter a colaboração de todos os escalões. Não só pode como deve, pois assim fica mais atrelada à realidade e às reais necessidades e condições do mercado, contemplando igualmente melhores soluções para os desafios operacionais.

Depois de estabelecida no topo e filtrada nos seus elementos de sigilo, a estratégia será executada e, então, há necessidade do concurso de toda a organização para se concretizar. Será fundamental chegar até os níveis operacionais, principalmente na parte que diz respeito às expectativas quanto ao que se espera dos esforços conjuntos. O que a empresa deseja realizar? Quais são seus objetivos e como ela pretende atingi-los? Essas são as questões fundamentais.

Por meio da gerência se espera um "alinhamento estratégico" no contexto da organização, isto é, que sejam obtidos uma integração e direcionamento adequado dos esforços do topo para a realização da missão. Esse alinhamento requer dois ingredientes fundamentais: tecnologia e liderança.

Nas organizações há sempre um desafio tecnológico no manuseio da informação. Como os dirigentes conseguirão levar as diretrizes até os escalões operacionais? A tecnologia da informação (TI) vem desempenhando papel de destaque nessa tarefa e há os métodos formais de fragmentação da estratégia em ações menores, a serem executadas nos diversos segmentos da organização. É o caso do BSC (Balanced Score Card), criado por Robert Kaplan e David Norton (2007), sistema de desmembramento da estratégia e fixação de indicadores de desempenho. Sua execução é acompanhada de intensa comunicação descendente e estabelece planos de ação claros, orientadores da conduta em todos os níveis.

Os métodos formais e os sistemas de informação não se movem por si próprios. É necessário mais do que indicar as condutas esperadas. É preciso que as pessoas aceitem e acreditem na estratégia, aceitem as metas e queiram contribuir para a sua realização. Há necessidade de promover o alinhamento intelectual, emocional e comportamental. Eis uma função fundamental da gerência.

Para promover o alinhamento estratégico o gerente deve:
* Comunicar as diretrizes emanadas do topo à equipe.
* Identificar níveis de aprovação/rejeição quanto a elas.
* Transmitir conhecimento sobre as razões dessas diretrizes e a importância de serem acatadas.
* Lidar positivamente com a eventual dissidência, buscando sua remoção.
* Estimular a criatividade e a iniciativa canalizadas à realização das diretrizes.

Ambiente de satisfação e produtividade

A produtividade não depende necessariamente da satisfação no trabalho. Quando há um processo de cobrança severo, com vigilância intensa sobre o trabalho do pessoal, níveis de exigência exagerados, em geral se registra a insatisfação, mas pode-se produzir desempenho elevado, pelo menos em tarefas menos beneficiadas pelo capital intelectual e pela criatividade do trabalhador. Entretanto, há alguns problemas nessa modalidade de atuação gerencial:
* Fica na fronteira da legitimidade ética e facilmente a ultrapassa.
* Cria ressentimentos e mágoas não revelados.
* Sustenta-se na falta de oportunidade de melhores empregos – e, quando essa situação muda, a empresa tem dificuldade de retenção do pessoal.

- Afasta pessoas mais arrojadas e autoconfiantes.
- As pessoas tendem a "esconder o leite", isto é, a serem "econômicas" em suas contribuições para a melhoria da empresa; são produtivas na premissa dada, mas não são inovadoras ou excelentes no desempenho.
- A empresa projeta uma imagem negativa, que se propaga pelo mercado e traz consequências danosas.

Do ponto de vista da boa gestão e da responsabilidade social, o administrador tem obrigação de buscar a satisfação no trabalho. Esta em nada impede a produtividade e, pelo contrário, cria as bases necessárias para que ela seja sustentável. Mais que isso, cria condições para os empregados mais talentosos irem além da produtividade e contribuírem com a inovação.

Cabe ao gerente identificar focos de insatisfação e tomar as medidas para que não se propague. Do lado positivo, cabe a ele estabelecer a busca pela satisfação dos legítimos interesses e aspirações dos empregados, além de dar-lhes o necessário sentido de missão e valor em relação ao trabalho. Alguns pontos são fundamentais para a criação de um bom clima:

- Identificação de insatisfações e suas causas.
- Pronta atuação no sentido de remover as causas de insatisfação.
- Identificação e resolução de conflitos no interior do grupo.
- Atuação no sentido de minimizar ou reduzir as emoções tóxicas do ambiente de trabalho (frustração, mágoa, animosidade, medo).
- Atuação no sentido de promover as emoções nutrientes (afeto, alegria, bom humor, descontração).
- Promover a excelência da comunicação entre os membros da equipe, para que os problemas sejam acertados do melhor modo.
- Prover para que todos tenham trabalho com adequado grau de desafio e significância.
- Partilhar conhecimento e responsabilidades.

Desenvolvimento de pessoal

O ambiente de negócios moderno é caracterizado pela rápida evolução, pelos elevados níveis de exigência e pela competição. Para dar conta de suas tarefas, as organizações precisam ter em seus quadros pessoas com as competências adequadas nos planos intelectual, emocional e comportamental. Cabe à gerência identificar as competências requeridas para as diversas funções e propiciar os meios para que pessoas e equipes desenvolvam-nas. Essa tarefa requer um permanente processo de avaliação de desempenho, vai além dos processos formais de avaliação e está apenas indiretamente relacionada com eles. Aqui se fala em avaliação do desempenho como parte inextrincável do processo gerencial, algo natural e inevitável na gestão de pessoas.

O desenvolvimento das competências, entre outros aspectos, requer:

- Oportunidades de treinamentos interno e externo.
- Treinamento *on the job* nas interações entre gerentes e subordinados.
- Oportunidade de realização de tarefas com desafio progressivo.
- Partilha de conhecimento entre os membros da equipe.
- Estímulo ao enfoque conceitual na condução das atividades do cargo.

Tarefas desafiadoras

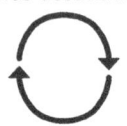

Desenvolvimento intelectual, emocional e comportamental

Figura 3.5 – Crescimento profissional

Variáveis do modelo de gestão

Na análise de qualquer empresa cabem algumas perguntas capitais:

- Como é o modelo de gestão prevalecente na empresa?
- Esse modelo é adequado ao modelo de organização e ao de negócio?
- Quais são as forças e fraquezas do modelo existente?
- Em que o modelo deve ser alterado para a melhoria do desempenho?
- Qual é o provável grau de dificuldade para a realização das mudanças necessárias?

Essa análise requer que se conheçam as variáveis do modelo de gestão. As principais são:

- Perfil sociográfico do corpo gerencial.
- Mente gerencial.
- Quadro emocional prevalecente na gerência.
- Processo de gestão.
- Contrato social.

Perfil sociográfico do corpo gerencial

Perfil sociográfico é o conjunto dos dados objetivos identificadores de uma dada população. Tem, evidentemente, relação direta com o comportamento da referida população e impõe também políticas que sejam adequadas ao perfil existente, seja no âmbito do governo ou no da organização de qualquer natureza. Na gestão, o perfil sociográfico da gerência afeta o desempenho da organização e do negócio e tem relação com o potencial de mudança.

Quando se analisam impactos de fatores como idade, sexo e procedência sobre o desempenho, sempre há possibilidade de preconceito, de um lado, e de exagero na postura politicamente correta. Tanto uma coisa quanto outra obscurecem a análise objetiva, cria vieses, dificulta até mesmo a discussão sobre desempenho. A visão racional deve prevalecer, pois, em longo prazo, só ela é sustentável e legítima.

Os itens significativos do perfil sociográfico da gerência são: idade, sexo, estado civil, formação escolar, nacionalidade, procedência social e tempo de casa.

Idade

A distribuição etária diz muito sobre o potencial de atuação da gerência em uma organização ou negócio qualquer. A idade, qualquer que seja, em si mesma não traz vantagem ou desvantagem para um quadro gerencial. Em algumas organizações, um poderá ser mais adequado que outro. Do mesmo modo, a composição mais homogênea do grupo em termos etários poderá trazer vantagens ou desvantagens. É tudo uma questão de sintonização com as necessidades do negócio ou organização. É conveniente analisar:

- A diversidade etária do grupo.
- A amplitude da pirâmide etária.
- A quantidade de gerentes em cada ponto da organização.
- A relação entre idade e posição na hierarquia.
- A relação entre idade do grupo e requisitos das tarefas.

Sexo

A distribuição por sexo também tem relevância no desempenho organizacional. Mulheres e homens são igualmente capazes em todas as funções, mas, inegavelmente, são diferentes perante os papéis sociais atribuídos a cada sexo quanto a questões culturais e variáveis biológicas. Uma dada composição do quadro de pessoal poderá ser mais ou menos adequada a uma dada organização ou negócio. É conveniente analisar:

- A quantidade de gerentes de cada sexo.
- A quantidade de homens e mulheres em cada posição da hierarquia.
- A relação entre sexo do grupo e requisitos das tarefas.

Nos tempos atuais, é conveniente analisar também a participação de homossexuais masculinos e femininos no quadro. Essa participação é condizente com a distribuição de diferentes orientações sexuais na sociedade em geral? Ou, caso não o seja, é um reflexo de preferência (preconceituosa ou não) por dado estrato? Essa preferência se justifica à luz das demandas do negócio?

Estado civil

Em alguns ambientes, julga-se que as pessoas casadas tendem a ser mais responsáveis e estáveis. É difícil precisar até que ponto isso é verdade e até que ponto é preconceito, mas a composição do quadro gerencial por estado civil poderá trazer revelações sobre a cultura reinante e também poderá ter relação com o desempenho, dependendo da organização e do negócio. É de se esperar, por exemplo, que pessoas solteiras tenham mais disposição para viagens frequentes ou que casados tenham maiores preocupações com a estabilidade. De qualquer forma, convém analisar:

- A distribuição do grupo entre solteiros, casados e outra situações.
- A distribuição dos estados civis nos escalões hierárquicos.
- A relação entre estado civil e requisitos das tarefas.

Formação escolar

Qual é a composição da gerência em relação ao nível de escolaridade e, também, à formação? Algumas organizações apresentam preferência por dados níveis ou formações específicas, como engenharia, administração ou economia etc. No passado, algumas poucas organizações revelavam menor interesse por pessoas com formação universitária, no entanto essa tendência, hoje, está quase integralmente extinta. Pontos a analisar:
- A diversidade do grupo em termos de nível de escolaridade.
- A diversidade em termos de formação (tipo de curso).
- A distribuição das formações específicas na hierarquia.
- A relação entre perfil educacional do grupo e requisitos das tarefas.

Nacionalidade

As diversas nacionalidades trazem diferenças que vão além dos traços da herança cultural. Por exemplo, há países com vocação específica para dado segmento produtivo. Há, inclusive, questões de imagem de dadas nacionalidades a serem consideradas, pois estas afetam o desempenho.[4] Pontos a analisar:
- A diversidade do grupo em termos de nacionalidade.
- A distribuição das nacionalidades específicas na hierarquia.
- A relação entre nacionalidade e requisitos das tarefas.

Procedência

De onde vieram os gerentes da empresa? Isto é, qual é sua procedência em termos social e profissional? Aqui pode haver dados significativos quanto

---

[4] A Ricardo Xavier Recursos Assessoria em Recursos Humanos, de São Paulo, já teve de selecionar um churrasqueiro brasileiro para um hotel da China. O hotel desejava especificamente um churrasqueiro brasileiro, pois isso seria um dado a ser valorizado pelo seu marketing.

67

ao desempenho. Por exemplo, algumas empresas recrutam seu pessoal principalmente entre indivíduos de classe média alta porque têm requisitos de comportamento social específicos (modos, roupa etc.), enquanto outras não revelam essa preferência. Há também empresas que buscam pessoas com uma procedência profissional específica, como, por exemplo, integrantes das Forças Armadas. A procedência certamente traz valores, atitudes e comportamentos que têm relação com o desempenho. Pontos a analisar:

- A diversidade do grupo em termos de procedência.
- A distribuição das origens específicas dos profissionais na hierarquia.
- A relação entre procedência e requisitos das tarefas.

Tempo de casa

Qual é o tempo de casa médio do pessoal de gerência? Isso não só indica se a empresa tem rotatividade elevada, mas também dá pistas quanto ao potencial de desempenho. O tempo de casa, por si só, também não quer dizer vantagem nem desvantagem em termos gerais, mas maior ou menor adequação à organização e negócio, em termos específicos. Pontos a verificar:

- A distribuição do corpo gerencial por tempo de casa.
- A distribuição do tempo de casa em cada escalão hierárquico.
- As forças e fraquezas do quadro em decorrência do tempo de casa.
- A adequação do tempo de casa em relação aos requisitos das tarefas.

Mente gerencial

Define-se aqui como mente gerencial a forma, a visão, os valores e os modelos conceituais compartilhados pela gerência e as atitudes decorrentes destes. Esses "conteúdos mentais" usualmente orientam a ação das pessoas e, por isso, têm impacto sobre o desempenho. A seguir, alguns tópicos relevantes da mente gerencial em uma organização:

- Tendências: inclui a visão sobre o futuro do segmento de negócio, das relações entre gerência e pessoal, da própria evolução social.
- Modelo de homem: o que é a natureza humana? O que o ser humano deseja? O que o torna mais produtivo e feliz? Quais são seus

direitos fundamentais? Aqui, por exemplo, encontraremos a visão do *homo economicus*, a crença de que o ser humano é racional, voltado para seus interesses econômicos, motivado privilegiadamente por eles. Esse tipo de crença costuma levar a políticas que beneficiam a remuneração e subestimam outros elementos do contrato entre empresa e empregado.

- Empregado ideal: qual é o perfil de trabalhador ideal para a empresa? Ele deve ser alguém mais cordato ou questionador? Deve primar pela iniciativa ou pela disciplina?
- Trabalho: o trabalho é natural e desejado intrinsecamente pelo ser humano ou é um meio (desagradável) de conquistar a sobrevivência, o conforto e o prazer? Conforme a visão que a gerência tenha do trabalho, adotará um ou outro conjunto de comportamentos em relação a ele.
- Função da empresa: é gerar lucros para os acionistas ou produzir bens para a sociedade? Há várias maneiras de conceber o papel das empresas e cada uma delas resulta em condutas práticas que a gerência repassa para o pessoal.
- O cliente: o que ele tem direito de exigir? Até que ponto devemos satisfazer suas expectativas? O que o faz feliz e fiel?

Quadro emocional prevalecente na gerência

Há padrões emocionais atrelados a diferentes culturas. De certa forma, as emoções são ensinadas e aprendidas por meio de reforço (consequência que, por premiação ou punição, estimula reincidência de dado comportamento). Em alguns ambientes a expressão afetiva é condenada e isso ensina os novos membros a refrearem tal tipo de manifestação. Em outros ambientes os heróis são irascíveis e temperamentais, e não só selecionam-se pessoas com tal conduta ou com as complementares (aceitação e paciência) como se "treinam" os futuros dirigentes nesse padrão comportamental. Na prática, é comum encontrar quadros emocionais prevalecentes: algumas empresas são mais ansiosas, outras são mais fleumáticas; algumas são mais impulsivas, outras menos; algumas são mais "afetuosas", outras menos.

Os seguintes tópicos podem ser pesquisados para compreensão do quadro emocional de um quadro gerencial:

- Intensidade das manifestações emocionais.
- Emoções predominantes.
- Interações emocionais, isto é, como se combinam as emoções manifestas.
- Mecanismos de reforço para o treinamento emocional.
- Emoções premiadas.
- Emoções punidas.
- Emoções dirigidas a objetos específicos (a concorrência, por exemplo, o mercado etc.).
- Efeito das emoções predominantes sobre os processos decisórios, a motivação, a maturidade do quadro.
- Níveis de tolerância à diversidade emocional.

Processo de gestão

Como os gerentes de dada organização gerem? Dão ênfase a formalismos ou são mais informais? Enfocam privilegiadamente a comunicação ou não? Como decidem? Esses são os elementos típicos do processo de gestão, as sequências de condutas mais ou menos padronizadas que os gerentes adotam para realizar suas funções fundamentais.

O processo de gestão manifesta-se nos seguintes itens, que devem ser analisados para compreensão do modelo vigente:

- Decisões: podem ter enfoque mais técnico ou mais intuitivo, podem ser predominantemente grupais (ou o contrário), podem ter uma carga de racionalidade maior ou menor etc.
- Grau de formalização: em algumas empresas todos os procedimentos requerem registro e controle. Em outras, o nível de formalização é muito menor.
- Planejamento *versus* improviso: pode-se variar também em relação à ênfase dada ao planejamento e à antecipação dos eventos. Em algumas empresas tudo entra nos planos; em outras, as decisões vão sendo tomadas à medida que os problemas ou as oportunidades emergem.

- Ênfase na tarefa ou nos relacionamentos: em algumas empresas os empregados são deixados mais livres na execução de suas tarefas e há ênfase nos relacionamentos; em outras o padrão inverso se manifesta.

Contrato social

Por fim, o bom entendimento do modelo de gestão requer uma análise do contrato social vigente. Aqui chamamos de contrato social o conjunto de expectativas aceitas e partilhadas pelo corpo da organização. Indica o que a gerência espera dos empregados e vice-versa. Igualmente estabelece as regras de certo e errado nas condutas. É algo próximo ou quase sinônimo do que se chama contrato psicológico, conforme termo de Chris Argyris e Edgar Schein.[5]

Os seguintes aspectos do contrato social vigente devem ser analisados para melhor compreensão do modelo gerencial aplicado:
- Nível de fidelidade esperado entre as partes.
- Níveis de remuneração e benefícios – e contrapartidas em termos de produtividade e dedicação.
- Concepção sobre o equilíbrio na relação vida-trabalho.
- Graus de tolerância à divergência.
- Condutas puníveis e premiáveis.

Considerações finais

É inevitável que as empresas tenham uma personalidade gerencial específica. Em algumas, os gerentes são mais semelhantes entre si quanto ao modo de sentir, pensar e agir. Pode-se supor, então, que há uma forte matriz de seleção de iguais e formação interna para um padrão. Em outras, observa-se maior

---

[5] Fonte: <http://www.businessballs.com/psychological-contracts-theory.htm>. Acesso em 10 fev. 2012.

diversidade e esta, por si só, já é uma indicação de que o modelo reinante tende para a democracia, tolerância, incorporação de diferenças.

Um estilo padronizado e integrado poderá, em algumas circunstâncias, atender melhor às demandas da organização e do negócio, provavelmente aqueles que têm menos exigências de criatividade e inovação. Empresas situadas em mercados de vanguarda tecnológica, em mercados de forte competição e em ambientes mutantes talvez tenham melhores respostas de uma gerência diversificada, pois esta é aberta à criatividade e à iniciativa. Eis algumas boas questões para pesquisa no âmbito da teoria das organizações.

Do ponto de vista prático-operacional, conforme o propósito deste livro, podemos colocar a questão da seguinte maneira:

- Toda organização tem um modelo de gestão próprio – que poderá ser mais homogêneo e integrado ou menos.
- O modelo adotado poderá ser adequado, inadequado, eficiente ou ineficiente em relação ao modelo de organização e negócio ao qual se vincula.
- É fundamental estudar o modelo de gestão vigente e verificar até que ponto ele tem respondido às demandas dessa organização e desse negócio.
- Esse estudo poderá sugerir mudanças com vistas à melhoria do modelo vigente, para maior produtividade e sustentabilidade do negócio.

Capítulo 4

Criatividade para inovação nos negócios

Nos capítulos precedentes apresentamos ferramentas para a análise de modelos de negócios, organizações e gestão. A análise é sempre necessária e a capacidade de estudar exaustivamente, com lógica e racionalidade, está na origem não só do acúmulo de saber científico, mas também no processo de desenvolvimento social em geral, incluindo naturalmente o desenvolvimento de negócios complexos, eficazes, capazes de satisfazer as demandas das pessoas com altos padrões de qualidade. Entretanto, nenhuma análise cria negócios, organizações eficientes ou formas de gerir mais produtivas e eficazes. Tudo isso depende do lampejo criativo, que vai além das informações.

A análise oferece matéria-prima para a criação. É inimaginável a criação de alguma ideia útil e inteligente por parte de alguém completamente desinformado sobre determinada área. Quem tem boas ideias na ciência, na política, nos negócios, nas profissões são pessoas imersas nessas áreas, ou pelo menos com alguma informação sobre elas. Já observou Thomas Edison que "criatividade é 1% de inspiração e 99% de transpiração".

Após a informação e o estímulo advindo da análise, pessoas criativas têm lampejos inovadores. Surge a ideia para a criação de algo no plano abstrato, para posterior criação no plano real. Concebida a ideia, a análise, de novo, torna-se essencial para confirmar ou informar se ela é efetivamente boa ou apenas parece boa (Figura 4.1).

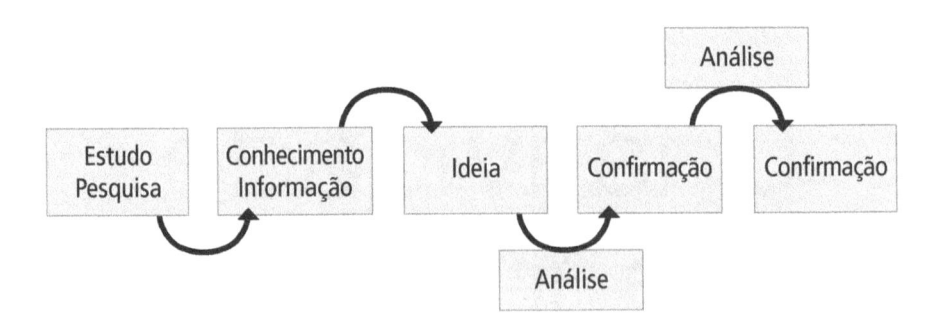

Figura 4.1 - Crescimento profissional

Criatividade e inovação

Criatividade é uma habilidade mental, a capacidade de uma pessoa conceber formas diferentes de realizar as coisas. Inovação, por sua vez, é a capacidade de tomar a ideia concebida e transformá-la em um objeto, processo, atividade útil e desejável. Há pessoas que têm boas ideias, mas não têm capacidade de produzir inovações e vice-versa.

Usualmente, para ter boas ideias, é necessário:
- Ter algum conhecimento da área.
- Ser criativo.
- Encontrar um ambiente propício, que dê estímulo e suporte.

Para inovar, por outro lado, em geral, é necessário:
- Ter uma boa ideia (não necessariamente própria).
- Ter conhecimento suficiente sobre a área.
- Ter capacidade gerencial para a execução.
- Encontrar um ambiente propício, que dê estímulo e suporte.

A diferenciação entre dois tipos de criatividade, proposta por Puccio (1999), traz indicações relevantes para a questão. Segundo o autor, as pessoas com capacidade de criação se dividem entre inovadoras e adaptadoras, com características bastante distintas:

- Inovadores: na verdade, esses são aqueles que aqui apresentamos como criadores. De acordo com Puccio (1999), em geral, são vistos como indisciplinados, irreverentes, insensatos, pouco práticos, não gostam de tarefas rotineiras, questionam o *status quo*. Porém, conseguem descobrir problemas e soluções que ninguém vê, têm ideias genuínas.
- Adaptadores: estes, nos termos de Puccio (1999), são aqueles que aqui apresentamos como mais capazes de inovar, de ter uma ideia e chegar a um produto concreto. Em geral, são mais precisos, metódicos, prudentes, disciplinados, adotam caminhos testados e aprovados para a solução dos problemas, despertam confiança e agregam equipes, adaptam-se melhor às condições organizacionais. Com isso, parecem mais aptos a executar as ideias, pois seguirão os passos que usualmente são necessários: conquista de apoio externo, negociação, adaptação, ajuste etc.

No contexto dos negócios, os dois tipos são fundamentais para a inovação. Sem o lampejo criativo, não se percebem os caminhos da inovação e sem o trabalho metódico, árduo e disciplinado, a melhor das ideias pode ficar na gaveta ou morrer em decorrência de aplicação inadequada.

Modelos de negócios, organizações e gestão bem-sucedidos surgem naturalmente de boas ideias e de capacidade de execução. No início de cada negócio de sucesso, encontraremos a criatividade e a inovação.

Criatividade e modelos

A curva do ciclo de vida[1] aplica-se a modelos de negócios, organizações e gestão. Tudo começa com uma boa ideia, uma tecnologia capaz de executá-la e uma necessidade a ser satisfeita. Surge um produto e um modelo de

---

[1] O conceito de ciclo de vida do produto foi introduzido por Theodore Levitt no artigo "Exploit the product life cycle", na *Harvard Business Review*, em 1965. Disponível em: <http://www.12manage.com/methods_product_life_cycle.html>. Acesso em 06 fev. 2012.

negócio, organização e gestão. Por exemplo, muitas pessoas têm necessidade de comer com rapidez suficiente para adequar-se a seus horários apertados – trabalhadores com horário de almoço curto, estudantes com intervalos de aulas igualmente reduzidos, gente em trânsito entre compromissos etc. Então, surge um criador de negócios, como os irmãos McDonald, que inventaram a lanchonete *fast food*. Se o modelo for capaz de satisfazer de modo eficaz a necessidade, o negócio prospera até atingir 100% do mercado potencial. A partir daí poderá declinar, caso haja mudança na necessidade ou novas tecnologias mais adequadas surjam.

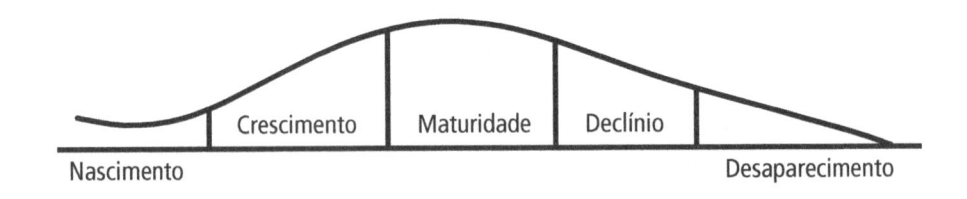

Figura 4.2 – Ciclo de vida do produto (ou modelo de negócio)

O primeiro momento da criatividade empreendedora é perceber que, em um determinado ponto do ciclo de vida, há uma modificação a se fazer no modelo, para torná-lo mais eficaz em satisfazer a necessidade ou, pelo lado desta, há desejos latentes não satisfeitos pelo negócio atual. Isso requer muito mais que intuição criadora. É necessário o empreendedor estar informado, conseguir ver as tendências de um dado segmento de negócios.

Empreendedores e organizações

Como já se mencionou, seja para criar ou para dar forma concreta à ideia com a inovação, é necessário um ambiente adequado. As organizações efetivamente eficazes criam essa ambiência, principalmente por meio das seguintes práticas: estímulo, apoio e reconhecimento (Figura 4.3).

Apoio
Atividades internas que facilitam a transformação das ideias em inovações concretas:

- Recursos financeiros, materiais e humanos
- Suporte técnico
- Estrutura gerencial de suporte

Reconhecimento
Premiação material ou imaterial às iniciativas criativas:

- Prêmios em dinheiro
- Promoções
- Prêmios não monetários: viagens, bolsas de estudo
- Honrarias

Estímulo
Atividades que propiciam aparecimento de ideias:

- Comunicados formais com expressão do interesse
- Campanhas, concursos, promoções
- Reuniões, cursos, seminários sobre o ramo de atividade e tendências
- Grupos criativos
- Distribuição de material informativo, acesso a fontes privilegiadas de informação

Figura 4.3 – Promoção da inovação

As grandes ideias de modelos de negócios não ocorrem todos os dias. É sensato esperar que surjam com regularidade nos quadros internos. Entretanto, há o acúmulo de ideias não tão grandiosas que vão paulatinamente transformando modelos de negócios, organizações ou gestão e que criam condições para as mudanças de maior vulto. O mais importante, provavelmente, é criar uma cultura de inovação com base em indivíduos capazes de criar e motivados para isso.

Cultura criativa

- Ambiente democrático, tolerante à diversidade.

- Mais ênfase no *empowerment*, iniciativa e responsabilidade – e menos no controle coercitivo.
- Ausência de medo e de reverência despropositada nas relações hierárquicas.
- Incentivo à participação, com busca da contribuição de todos.
- Partilha de informações e conhecimento.
- Clima de confiança mútua.
- Estímulo à livre expressão de opiniões e ideias.
- Uso de mecanismos e ferramentas de criatividade: brainstorming, checklists etc.
- O clima e o design dos cargos tornam o trabalho prazeroso.
- Esforço para selecionar e reter talentos criativos.
- As pessoas recebem tarefas desafiadoras.
- A pressão de trabalho é mantida sob controle.

Desenvolvimento de competências para a criação

A capacidade individual de criar e inovar é a matéria-prima fundamental da transformação nos negócios. Naturalmente, há indivíduos mais criativos, seja porque nascem com maior potencial ou porque são criados de modo privilegiado, em ambientes mais propícios. Mas, em alguma medida, todos podem desenvolver seu potencial criativo – e as organizações efetivamente empenhadas em criar culturas criativas devem fazer investimento na capacitação individual.

Podemos ver o desenvolvimento do potencial criativo como resultado de um tripé, que envolve conhecimento e informação, ferramentas criativas e mente criativa (Figura 4.4).

Conhecimento e informação

No desenvolvimento de modelos de negócios, alguns conhecimentos são fundamentais, tais como:

- Visão holística da estrutura do segmento de negócios: cadeia produtiva, concorrência, clientela etc.
- Tecnologia do produto do segmento.
- Conhecimento dos fundamentos da administração e do marketing.
- Visão das tendências sociais, econômicas, políticas e tecnológicas do segmento.

A aquisição desse conhecimento requer, por exemplo:
- Leitura de bons livros teóricos sobre estrutura de negócios.[2]
- Leitura de jornais de negócios.
- Leitura de livros que tratam de tendências e prospecção do futuro.[3]
- Visita aos sites de empresas de pesquisa de mercado, que disponibilizam resumo de seus relatórios aos interessados.
- Participação em eventos sobre tendências da área.
- Conversa com profissionais atuantes na área.
- Visita a estabelecimentos comerciais dedicados aos produtos do segmento.

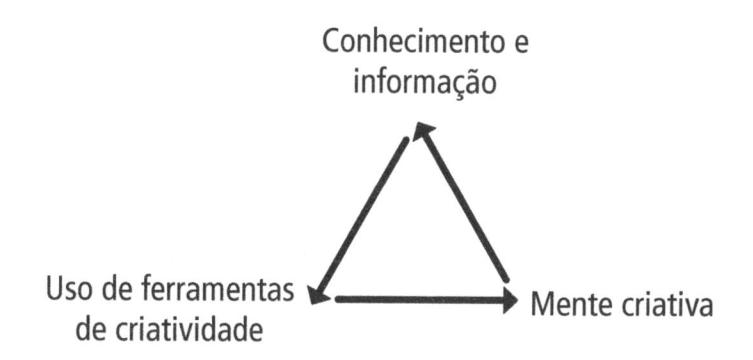

Figura 4.4 – Promoção da inovação

---

[2] Por exemplo, a obra *Estratégia competitiva*, de Michael Porter (2005).
[3] Por exemplo, a obra *Dicionário do futuro*, de Faith Popcorn e Adam Hanft (2002).

Ferramentas criativas

Ferramentas criativas são métodos concebidos para auxiliar a pessoa ou grupo no processo de produção ou análise de ideias. A mais conhecida, e provavelmente uma das mais eficazes, é o brainstorming, proposto por Alex Osborn, do MIT (Massachusetts Institute of Techology), ainda na década de 1950. Essas ferramentas trabalham em duas dimensões diferentes: o desbloqueio da mente para facilitar o surgimento de ideais e a condução sistemática da observação a determinados aspectos de um objeto ou processo, com a finalidade de captar diferentes ângulos de entendimento.

Tais ferramentas criativas contribuem para a criatividade e a inovação de dois modos: diretamente, na produção de ideias; indiretamente, no desenvolvimento do potencial criativo dos indivíduos, por treino da percepção, análise, criação.

Existem mais de 200 métodos usados para estimular ou organizar o processo criativo (Forcellini e Ogliari, 2001). Uma lista parcial dos mais conhecidos inclui o brainstorming, o brainwriting ou 635, o pensamento lateral, o Sunectics, diversos questionários e checklists, o SCAMPER etc.[4]

A 3M, empresa considerada um benchmarking em inovação na área de produtos, tem um excelente site que apresenta conceitos, cases e ferramentas criativas.[5]

Mente criativa

Há pessoas que nascem mais predispostas a criar, há aquelas que se desenvolvem em ambientes que dão reforço positivo ao desenvolvimento da criatividade e também as que conscientemente buscam o aprendizado. De um modo ou de outro, a mente criativa pode ser desenvolvida, embora uns possam

---

[4] Para uma visão mais abrangente, acesse o excelente link: Ferramentas de criatividade, *Criatividade e Inovação*, 23 jul. 2007. Disponível em: <http://criatividadeaplicada.com/2007/07/23/ferramentas-de-criatividade>. Acesso em 06 fev. 2012.

[5] Disponível em: <http://www.3minovacao.com.br/>. Acesso em 06 fev. 2012.

desenvolvê-la mais que outros, ou devido a condições inatas ou devido a um histórico que cria condições favoráveis.

Osborn, o pai do brainstorming, já havia percebido que um dos principais problemas da criatividade é que a mente analítica e crítica bloqueia a produção de ideias. Os condicionamentos ocasionados principalmente pela educação e pela censura social formam os bloqueios mais fortes. Roger von Oech (1995), em texto bastante prático, apresenta dez bloqueios mentais principais, sugerindo modos de eliminá-los ou minimizar seus efeitos, e observa também que atitudes negativas são as principais responsáveis pelos bloqueios mentais mais sólidos. Essas atitudes são traduzidas nas frases a seguir:

1. "A resposta certa" – crença de que só há uma resposta certa para um problema.
2. "Isso não tem lógica" – crença de que tudo tem de se encaixar em uma "lógica" existente.
3. "Siga as normas" – obediência cega ao estabelecido.
4. "Seja prático" – ideia de que o que não parece prático não tem valor.
5. "Evite ambiguidades" – dificuldade em conviver com situações ambíguas.
6. "É proibido errar" – medo de errar que paralisa.
7. "Brincar é falta de seriedade" – confusão entre seriedade e ser carrancudo.
8. "Isso não é da minha área" – restringir-se a compartimentos ou fronteiras imaginárias.
9. "Não seja bobo" – medo de parecer inadequado.
10. "Eu não sou criativo" – visão limitante e pobre do próprio potencial.

Esforços pessoais para o desenvolvimento da mente criativa podem surtir bons resultados. Entre as medidas que podem contribuir para o desbloqueio da mente e o desenvolvimento do potencial para criar estão o aprendizado ou prática de uma arte, a participação em grupo teatral, a apresentação pública, a exposição a novas experiências, as viagens e a busca por atividades que sensibilizam (ouvir música, ir ao teatro etc.).

Modelos inovadores nos pequenos negócios

Na cidade de São Paulo, uma das maiores metrópoles do mundo atual, em bairros com comércio e serviços sofisticados, ambientes dominados por construções de alto padrão, onde vivem e trabalham pessoas com níveis de qualificação elevados, frequentemente pode-se ver algo surpreendente: uma pessoa puxando um carrinho de mão, vendendo mandioca.

Deixando os preconceitos limitantes de lado, essa cena indica duas coisas fundamentais: empreendedorismo e inovação. Alguém, buscando gerar renda, criou uma ideia óbvia, mas inovadora, a ponto de ser surpreendente para o meio. Algo fora de contexto. Como é que alguém poderia imaginar que uma atividade dessas (venda de mandioca), feita fora do padrão mínimo de estruturação do comércio atual, poderia dar certo em um lugar desse? Mas a verdade é que deve estar funcionando, pois a cena vem aparecendo mais e mais na cidade. Ora, se tirou uma pessoa da fila do emprego, esse "modelo de negócio" já está dando uma contribuição para a melhoria da economia.

As microempresas, as empresas informais, as atividades tocadas por uma única pessoa ou por um grupo mínimo têm também modelos. Alguns, inventivos e inovadores e, por isso, importantes e úteis para tirar pessoas do desemprego. Por exemplo, a venda de cafezinho na rua, iniciada nos anos 1980 por um empreendedor de Belo Horizonte, espalhou-se pelo país, gerando ocupação e renda para alguns milhares de pessoas, provavelmente, além de um serviço que satisfaz um bom número de consumidores.

As pequenas empresas têm importância universalmente reconhecida nas economias modernas, por várias razões:

- Primeiro, porque são a maioria das empresas e respondem pela maior parte dos postos de trabalho. No Brasil são mais de 99% das empresas e empregam cerca de 53% da força de trabalho, movimentando algo em torno de 20% do PIB. Deve-se acrescer, inclusive, as atividades informais, também significativas no país e úteis no plano econômico.
- Ao mesmo tempo, entre as pequenas acham-se as chamadas empresas de alto crescimento, que são responsáveis pelo crescimento mais significativo do emprego: no Brasil, elas representam 1,7% das

empresas e criaram 2,9 milhões de postos de trabalho entre 2005 e 2008, isto é, 57,4% dos novos postos criados no período, de acordo com o IBGE.[6]

- As pequenas empresas, mais flexíveis e ágeis que as grandes, têm papel relevante na sustentação de emprego nos momentos de crise, em que as maiores são mais afetadas.
- Igualmente, as pequenas têm menos barreiras à contratação, sendo caminho de inclusão social para profissionais com níveis de qualificação insuficientes para as exigências das grandes corporações.
- Não se deve esquecer também de que cada vez mais as pequenas empresas têm papel fundamental nas cadeias produtivas dominadas pelas grandes, como coadjuvantes ativos e produtivos que cooperam decisivamente para a ampliação da produtividade das maiores.
- Por fim, elas são a arena privilegiada dos empreendedores mais ativos, que dão dinamismo e trazem inovação para o sistema econômico. Quase todos os gigantes de hoje foram um dia pequenas empresas lideradas por empreendedores inventivos.

Provavelmente é mais fácil inovar nos pequenos negócios. Por várias razões:
- Trabalha-se com riscos menores.
- Pode-se adotar um esquema de tentativa e erro, com teste das alternativas antes da implantação definitiva.
- Há menos burocracia.
- Estão mais próximas do mercado.
- O número de pessoas envolvidas nas decisões é mínimo.
- Usualmente são geridos por pessoas com potencial empreendedor.

Assim, também os modelos de negócios podem ser revistos e redesenhados com mais facilidade, o que eventualmente produz ganhos significativos de produtividade. Exemplos:
- Uma pequena indústria pode terceirizar a produção. Frequentemente as empresas maiores têm escala de produção que lhes

---

[6] Fonte: <http://www.ibge.gov.br>. Acesso em 06 fev. 2012.

permite produzir com maior qualidade e menores custos. Assim, um pequeno produtor, que tenha um bom produto, pode passar a produção a uma empresa maior, retendo a marca, a ligação com os canais de vendas, a exclusividade sobre a fórmula ou patente.

- Pode-se terceirizar outras atividades. Por exemplo, a administração de algumas pequenas empresas é muito simples, mas causa muitos problemas para o empreendedor, despreparado para lidar com fluxo de caixa, contas a pagar e a receber, questões trabalhistas, contratos etc. Por que não terceirizar a parte administrativa, liberando energia para concentração no *core business*? Do mesmo modo, por exemplo, pode-se terceirizar as atividades de vendas, por meio de representantes ou distribuidores competentes.

Referências

ADIZES, Ichak. *Gerenciando os ciclos de vida das organizações.* São Paulo: Prentice Hall, 2004.

ANANTHANARAYANAN, Raghu. "A framework for describing organizational models and a path of transformation", *Organization Development Journal.* 15 set. 2010. <http://findarticles.com/p/articles/mi_qa5427/is_200201/ai_n21322410/>.

ASSEN, Marcel Van. *Modelos de Gestão*: os 60 modelos que todo gestor deveria conhecer. São Paulo: Personed, 2010.

AUDENHOVE, Leo van; DELAERE, Simon; BALLON, Pieter; BOSSUYT, Michael van. *Changing content industry structures: the case of digital newspapers on epaper mobile devices.* Conference on Electronic Publishing – Vienna, Áustria, jun. 2007.

BURTON, Richard M.; OBEL, Borge. *Strategic organizational diagnosis and design.* Norwell: Kluer Academic Publishers, 2004.

CHANDLER Jr., Alfred Dupont. *Strategy and structure:* chapters in the history of the american industrial enterprise. 20. ed. MIT Press, 1998.

COBRA, Marcos. *Administração de marketing no Brasil.* São Paulo: Cobra Editora, 2003.

COOPER, Donald R. *Métodos de pesquisa em administração.* Porto Alegre: Bookman, 2003.

DRUCKER, Peter. *Administração*: tarefas, responsabilidades e práticas. São Paulo: Pioneira, 1975.

FAYOL, Henri. *Administração industrial e geral.* São Paulo: Atlas, 1990.

FERREIRA, Antonio Ademir. *Gestão empresarial*: de Taylor aos nossos dias. São Paulo: Pioneira, 1998.

FERREIRA, Victor Cláudio Paradela; CARDOSO, Antonio Semeraro Rito; CORRÊA, Carlos José; FRANÇA, Célio Francisco. *Modelos de gestão.* Rio de Janeiro: FGV, 2006.

FORCELLINI, Fernando A.; OGLIARI, André. *Avaliação dos métodos de criatividade nas fases iniciais do desenvolvimento de processo de projeto de produtos.* 3º Congresso Brasileiro de Gestão de Desenvolvimento de produtos. Universidade Federal de Santa Catarina. 2001. <http://www. iem.unifei.edu.br/sanches/Ensino/pos%20graduacao/GPDP/artigos/ Artigo%2020.pdf>.

FRIGG, Roman; HARTMANN, Stephan, "Models in science", *The Stanford Encyclopedia of Philosophy,* edição de 2012. Disponível em: <http://plato.stanford.edu/archives/spr2012/entries/models-science/>. Acesso em 17 fev. 2012.

GEORGE Jr., Claude S. *História do pensamento administrativo.* São Paulo: Cultrix, 1974.

HAMMER, Michael; CHAMPY, James. *Reengenharia*: revolucionando a empresa. Rio de Janeiro: Campus, 1994.

HESKETT, J.; SCHLENSINGER, L.; SASSER, W. *Lucro na prestação de serviços.* Rio de Janeiro: Campus, 2002.

KAPLAN, Robert; NORTON, David. *A estratégia em ação*: balanced scorecard. Rio de Janeiro: Campus, 2007.

KAPLAN, Soren; WINBY, Stu. *Organizational models for innovation:* organizational designs that support strategic innovation & growth. Managing principals, Innovation Point LLC, 2007. Disponível em: <http://www.innovation-point.com/Organizational%20Models%20 for%20Innovation.pdf/>. Acesso em 17 fev. 2012.

KEEN, Peter; QURESHI, Sajda. *Organizational transformation through business models*: a framework for business model design. 39th Hawaii International Conference on System Sciences, 2006.

KOTLER, Philip; ARMSTRONG, Gary. *Princípios de marketing*. São Paulo: Pearson, 2003.

LAI, Richard; WEILL, Peter; MALONE, Thomas. *Do business models matter?*. 26 abr. 2006. Disponível em: <http://seeit.mit.edu/Publications/ DoBMsMatter7.pdf>. Acesso em 06 fev. 2012.

LAMBERT, Susan. *A business model research schema*. 19th Bled eConference eValues. Bled, Slovenia, 5-7 jun. 2006.

MADUREIRA, Cesar. *O papel do neotaylorismo no início do século XXI*. Disponível em: <http://www.janusonline.pt/2008/2008_4_4_1.html/>. Acesso em 17 fev. 2012.

MAGRETTA, Joan. "Why business models matter", *Harvard Business Review*, maio 2002.

MALONE, Thomas W.; WEILL, Peter; LAI, Richard K.; D'URSO, Victoria T.; HERMAN, George; APEL, Thomas G.; WOERNER, Stephanie L. "Do some business models perform better than others?", MIT Sloan School of Management, *MIT Sloan Working Paper 4615*, 06 maio 2006.

MERRILL, Harwood F.(ed). *Classics in management*. Nova York: AMA- -American Management Association, 1960.

MORAES, Anna Maris Pereira. *Iniciação ao estudo da administração*. 2.ed. São Paulo: Makron Books, 2001.

MORGAN, Gareth. *Imagens da organização*. São Paulo: Atlas, 1996.

OECH, Roger von. *Um toc na cuca*. São Paulo: Cultura Editores, 1995.

"Por dentro da empresa que dominou o mundo", *Revista Exame Online*, <http://portalexame.abril.com.br/revista/exame/edicoes/0915/gestao- depessoas/m0156079.html>.

PORTER, Michael, E., *Vantagem competitiva*. 22ª ed. Rio de Janeiro: Campus, 1989.

PUCCIO, Gerard. *Two dimensions of creativity*: level and style. The International Center for Studies in Creativity, 1999. Disponível em <http:// www.buffalostate.edu/orgs/cbir/readingroom/html/Puccio-99a. html/>. Acesso em 17 fev. 2012.

SAFFOLD, III, Guy S. "Culture traits, strengths and organizational performance: moving beyong 'strong' culture", *The Academy of Management Review*, v. 13, n. 4, 1988.

SCHERMERHORN Jr., John R. *Administração*. Rio de Janeiro: LTC, 2007.

SCHUMPETER, Joseph. *Capitalismo, socialismo e democracia*. Rio de Janeiro: Fundo de Cultura, 1961.

SECCHI, Leonardo. "Modelos organizacionais e reformas da administração pública", *Rev. Adm. Pública*, v. 43 n. 2, mar.-abr. 2009.

SENGE, Peter M. *A quinta disciplina*. São Paulo: Best Seller, 1990.

STEWART, Thomas A. *Capital intelectual*: a nova vantagem competitiva das empresas. Rio de Janeiro: Campus, 1998.

TRICHES, Divanildo. "Fusões, aquisições e outras formas de associações entre empresas no Brasil", *Revista de Administração*, p. 15, 1996.

WOOD Jr., Thomaz; VASCONCELOS, Flávio C.; CALDAS, Miguel P. "Fusões e aquisições no Brasil", *RAE -FGV*, 2004.

ZIMAN, John. *O conhecimento confiável*: uma exploração dos fundamentos para a crença na ciência. Campinas: Papirus, 1996.

ZOTT, Christoph; AMIT, Raphael; MASSA, Lorenzo. "The business model: theoretical roots, recent developments, and future research". *Working paper n. 862*, IESE Business School, University of Navarra, jun. 2010. Disponível em: <http://www.iese.edu/research/pdfs/DI-0862-E.pdf/>. Acesso em 17 fev. 2012.